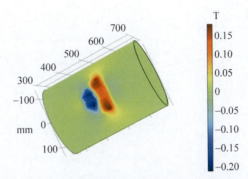

图 2.8　永磁体产生的静态偏置磁场

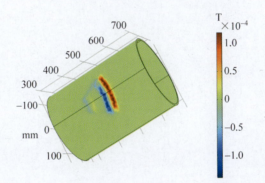

图 2.9　1.76 μs 时线圈中激励脉冲产生的动态磁场

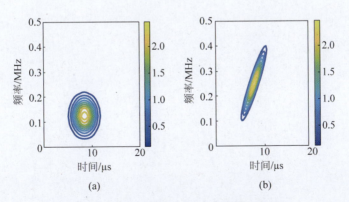

图 3.2　对高斯函数进行四种调制的时频展示

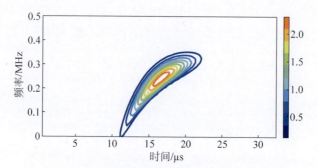

图 3.3 高斯基函数多项式调频后的时频表示

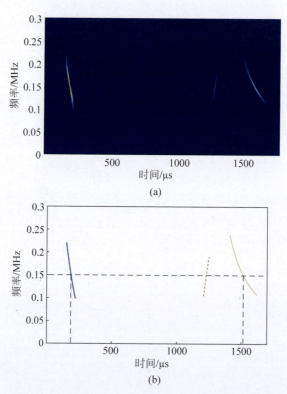

图 3.11 多项式 Chirplet 变换应用于变距离缺陷案例
(a) 分离的三个波包的时频展示；(b) 三个波包对应的瞬时频率曲线

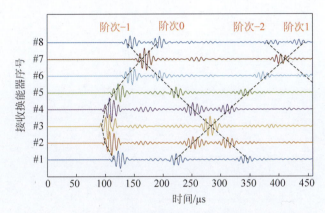

图 4.6　当♯3 换能器被激励时,8 个接收器获得的波形

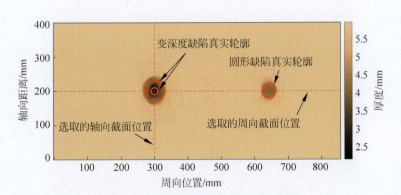

图 5.9　阶梯状缺陷波动层析成像结果

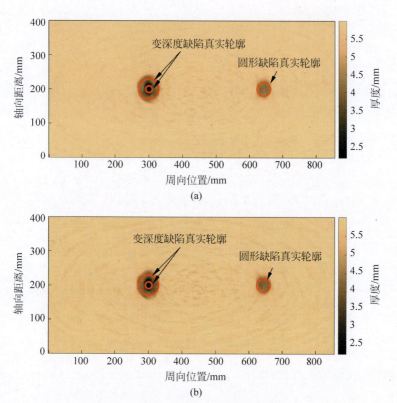

图 5.11 含有噪声情况下的层析成像结果

(a) 信噪比 20 dB；(b) 信噪比 10 dB

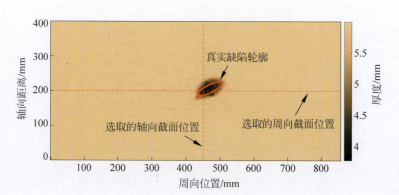

图 5.12 复杂缺陷螺旋兰姆波波动层析成像结果

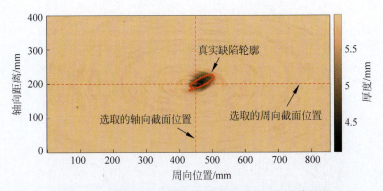

图 5.14 仅考虑 0 阶次螺旋兰姆波的波动层析成像结果

清华大学优秀博士学位论文丛书

管道缺陷电磁超声螺旋导波层析成像方法

王哲（Wang Zhe）著

Research on Tomography for Pipeline Defects Based on the Electromagnetic Ultrasonic Helical Guided Wave

清华大学出版社
北京

内 容 简 介

各类管道广泛应用于电力、石化、航空航天等领域。这些管道大多处于严苛的运行环境或复杂的运行工况中,需要及时获取其结构健康状况并检测出其缺陷。本书基于超声导波检测法开展研究,设计了应用于金属管道的螺旋兰姆波电磁超声换能器结构,确立了设计原则;提出了多模态导波分离方案,形成了不同模态导波信号的走时和幅度特征提取算法;建立了基于概率性重构的缺陷定性评估方法和基于超声衍射的缺陷定量评估方法。

本书可作为从事管道无损检测、管道结构健康监测、管道故障预测与健康管理等相关专业领域研究人员的参考书籍。

版权所有,侵权必究。举报: 010-62782989, beiqinquan@tup.tsinghua.edu.cn。

图书在版编目(CIP)数据

管道缺陷电磁超声螺旋导波层析成像方法/王哲著.—北京:清华大学出版社,2023.10

(清华大学优秀博士学位论文丛书)

ISBN 978-7-302-63684-7

Ⅰ. ①管… Ⅱ. ①王… Ⅲ. ①电磁场－应用－管道检测－缺陷检测－超声检测－螺旋波导－层析成像　Ⅳ. ①U178

中国国家版本馆 CIP 数据核字(2023)第 103451 号

责任编辑:戚　亚
封面设计:傅瑞学
责任校对:赵丽敏
责任印制:宋　林

出版发行:清华大学出版社
网　　址:http://www.tup.com.cn, http://www.wqbook.com
地　　址:北京清华大学学研大厦 A 座　　邮　编:100084
社 总 机:010-83470000　　邮　购:010-62786544
投稿与读者服务:010-62776969, c-service@tup.tsinghua.edu.cn
质量反馈:010-62772015, zhiliang@tup.tsinghua.edu.cn

印 装 者:三河市东方印刷有限公司
经　　销:全国新华书店
开　　本:155mm×235mm　　印　张:9　　插　页:3　　字　数:157 千字
版　　次:2023 年 10 月第 1 版　　印　次:2023 年 10 月第 1 次印刷
定　　价:79.00 元

产品编号:098318-01

一流博士生教育
体现一流大学人才培养的高度（代丛书序）[①]

人才培养是大学的根本任务。只有培养出一流人才的高校，才能够成为世界一流大学。本科教育是培养一流人才最重要的基础，是一流大学的底色，体现了学校的传统和特色。博士生教育是学历教育的最高层次，体现出一所大学人才培养的高度，代表着一个国家的人才培养水平。清华大学正在全面推进综合改革，深化教育教学改革，探索建立完善的博士生选拔培养机制，不断提升博士生培养质量。

学术精神的培养是博士生教育的根本

学术精神是大学精神的重要组成部分，是学者与学术群体在学术活动中坚守的价值准则。大学对学术精神的追求，反映了一所大学对学术的重视、对真理的热爱和对功利性目标的摒弃。博士生教育要培养有志于追求学术的人，其根本在于学术精神的培养。

无论古今中外，博士这一称号都和学问、学术紧密联系在一起，和知识探索密切相关。我国的博士一词起源于2000多年前的战国时期，是一种学官名。博士任职者负责保管文献档案、编撰著述，须知识渊博并负有传授学问的职责。东汉学者应劭在《汉官仪》中写道："博者，通博古今；士者，辩于然否。"后来，人们逐渐把精通某种职业的专门人才称为博士。博士作为一种学位，最早产生于12世纪，最初它是加入教师行会的一种资格证书。19世纪初，德国柏林大学成立，其哲学院取代了以往神学院在大学中的地位，在大学发展的历史上首次产生了由哲学院授予的哲学博士学位，并赋予了哲学博士深层次的教育内涵，即推崇学术自由、创造新知识。哲学博士的设立标志着现代博士生教育的开端，博士则被定义为独立从事学术研究、具备创造新知识能力的人，是学术精神的传承者和光大者。

[①] 本文首发于《光明日报》，2017年12月5日。

博士生学习期间是培养学术精神最重要的阶段。博士生需要接受严谨的学术训练,开展深入的学术研究,并通过发表学术论文、参与学术活动及博士论文答辩等环节,证明自身的学术能力。更重要的是,博士生要培养学术志趣,把对学术的热爱融入生命之中,把捍卫真理作为毕生的追求。博士生更要学会如何面对干扰和诱惑,远离功利,保持安静、从容的心态。学术精神,特别是其中所蕴含的科学理性精神、学术奉献精神,不仅对博士生未来的学术事业至关重要,对博士生一生的发展都大有裨益。

独创性和批判性思维是博士生最重要的素质

博士生需要具备很多素质,包括逻辑推理、言语表达、沟通协作等,但是最重要的素质是独创性和批判性思维。

学术重视传承,但更看重突破和创新。博士生作为学术事业的后备力量,要立志于追求独创性。独创意味着独立和创造,没有独立精神,往往很难产生创造性的成果。1929年6月3日,在清华大学国学院导师王国维逝世二周年之际,国学院师生为纪念这位杰出的学者,募款修造"海宁王静安先生纪念碑",同为国学院导师的陈寅恪先生撰写了碑铭,其中写道:"先生之著述,或有时而不章;先生之学说,或有时而可商;惟此独立之精神,自由之思想,历千万祀,与天壤而同久,共三光而永光。"这是对于一位学者的极高评价。中国著名的史学家、文学家司马迁所讲的"究天人之际,通古今之变,成一家之言"也是强调要在古今贯通中形成自己独立的见解,并努力达到新的高度。博士生应该以"独立之精神、自由之思想"来要求自己,不断创造新的学术成果。

诺贝尔物理学奖获得者杨振宁先生曾在20世纪80年代初对到访纽约州立大学石溪分校的90多名中国学生、学者提出:"独创性是科学工作者最重要的素质。"杨先生主张做研究的人一定要有独创的精神、独到的见解和独立研究的能力。在科技如此发达的今天,学术上的独创性变得越来越难,也愈加珍贵和重要。博士生要树立敢为天下先的志向,在独创性上下功夫,勇于挑战最前沿的科学问题。

批判性思维是一种遵循逻辑规则、不断质疑和反省的思维方式,具有批判性思维的人勇于挑战自己,敢于挑战权威。批判性思维的缺乏往往被认为是中国学生特有的弱项,也是我们在博士生培养方面存在的一个普遍问题。2001年,美国卡内基基金会开展了一项"卡内基博士生教育创新计划",针对博士生教育进行调研,并发布了研究报告。该报告指出:在美国和欧洲，培养学生保持批判而质疑的眼光看待自己、同行和导师的观点同样非常不容易，批判性思维的培养必须成为博士生培养项目的组成部分。

对于博士生而言，批判性思维的养成要从如何面对权威开始。为了鼓励学生质疑学术权威、挑战现有学术范式，培养学生的挑战精神和创新能力，清华大学在2013年发起"巅峰对话"，由学生自主邀请各学科领域具有国际影响力的学术大师与清华学生同台对话。该活动迄今已经举办了21期，先后邀请17位诺贝尔奖、3位图灵奖、1位菲尔兹奖获得者参与对话。诺贝尔化学奖得主巴里·夏普莱斯（Barry Sharpless）在2013年11月来清华参加"巅峰对话"时，对于清华学生的质疑精神印象深刻。他在接受媒体采访时谈道："清华的学生无所畏惧，请原谅我的措辞，但他们真的很有胆量。"这是我听到的对清华学生的最高评价，博士生就应该具备这样的勇气和能力。培养批判性思维更难的一层是要有勇气不断否定自己，有一种不断超越自己的精神。爱因斯坦说："在真理的认识方面，任何以权威自居的人，必将在上帝的嬉笑中垮台。"这句名言应该成为每一位从事学术研究的博士生的箴言。

提高博士生培养质量有赖于构建全方位的博士生教育体系

一流的博士生教育要有一流的教育理念，需要构建全方位的教育体系，把教育理念落实到博士生培养的各个环节中。

在博士生选拔方面，不能简单按考分录取，而是要侧重评价学术志趣和创新潜力。知识结构固然重要，但学术志趣和创新潜力更关键，考分不能完全反映学生的学术潜质。清华大学在经过多年试点探索的基础上，于2016年开始全面实行博士生招生"申请-审核"制，从原来的按照考试分数招收博士生，转变为按科研创新能力、专业学术潜质招收，并给予院系、学科、导师更大的自主权。《清华大学"申请-审核"制实施办法》明晰了导师和院系在考核、遴选和推荐上的权力和职责，同时确定了规范的流程及监管要求。

在博士生指导教师资格确认方面，不能论资排辈，要更看重教师的学术活力及研究工作的前沿性。博士生教育质量的提升关键在于教师，要让更多、更优秀的教师参与到博士生教育中来。清华大学从2009年开始探索将博士生导师评定权下放到各学位评定分委员会，允许评聘一部分优秀副教授担任博士生导师。近年来，学校在推进教师人事制度改革过程中，明确教研系列助理教授可以独立指导博士生，让富有创造活力的青年教师指导优秀的青年学生，师生相互促进、共同成长。

在促进博士生交流方面,要努力突破学科领域的界限,注重搭建跨学科的平台。跨学科交流是激发博士生学术创造力的重要途径,博士生要努力提升在交叉学科领域开展科研工作的能力。清华大学于 2014 年创办了"微沙龙"平台,同学们可以通过微信平台随时发布学术话题,寻觅学术伙伴。3 年来,博士生参与和发起"微沙龙"12 000 多场,参与博士生达 38 000 多人次。"微沙龙"促进了不同学科学生之间的思想碰撞,激发了同学们的学术志趣。清华于 2002 年创办了博士生论坛,论坛由同学自己组织,师生共同参与。博士生论坛持续举办了 500 期,开展了 18 000 多场学术报告,切实起到了师生互动、教学相长、学科交融、促进交流的作用。学校积极资助博士生到世界一流大学开展交流与合作研究,超过 60% 的博士生有海外访学经历。清华于 2011 年设立了发展中国家博士生项目,鼓励学生到发展中国家亲身体验和调研,在全球化背景下研究发展中国家的各类问题。

在博士学位评定方面,权力要进一步下放,学术判断应该由各领域的学者来负责。院系二级学术单位应该在评定博士论文水平上拥有更多的权力,也应担负更多的责任。清华大学从 2015 年开始把学位论文的评审职责授权给各学位评定分委员会,学位论文质量和学位评审过程主要由各学位分委员会进行把关,校学位委员会负责学位管理整体工作,负责制度建设和争议事项处理。

全面提高人才培养能力是建设世界一流大学的核心。博士生培养质量的提升是大学办学质量提升的重要标志。我们要高度重视、充分发挥博士生教育的战略性、引领性作用,面向世界、勇于进取,树立自信、保持特色,不断推动一流大学的人才培养迈向新的高度。

清华大学校长
2017 年 12 月 5 日

丛书序二

以学术型人才培养为主的博士生教育,肩负着培养具有国际竞争力的高层次学术创新人才的重任,是国家发展战略的重要组成部分,是清华大学人才培养的重中之重。

作为首批设立研究生院的高校,清华大学自20世纪80年代初开始,立足国家和社会需要,结合校内实际情况,不断推动博士生教育改革。为了提供适宜博士生成长的学术环境,我校一方面不断地营造浓厚的学术氛围,一方面大力推动培养模式创新探索。我校从多年前就已开始运行一系列博士生培养专项基金和特色项目,激励博士生潜心学术、锐意创新,拓宽博士生的国际视野,倡导跨学科研究与交流,不断提升博士生培养质量。

博士生是最具创造力的学术研究新生力量,思维活跃,求真求实。他们在导师的指导下进入本领域研究前沿,吸取本领域最新的研究成果,拓宽人类的认知边界,不断取得创新性成果。这套优秀博士学位论文丛书,不仅是我校博士生研究工作前沿成果的体现,也是我校博士生学术精神传承和光大的体现。

这套丛书的每一篇论文均来自学校新近每年评选的校级优秀博士学位论文。为了鼓励创新,激励优秀的博士生脱颖而出,同时激励导师悉心指导,我校评选校级优秀博士学位论文已有20多年。评选出的优秀博士学位论文代表了我校各学科最优秀的博士学位论文的水平。为了传播优秀的博士学位论文成果,更好地推动学术交流与学科建设,促进博士生未来发展和成长,清华大学研究生院与清华大学出版社合作出版这些优秀的博士学位论文。

感谢清华大学出版社,悉心地为每位作者提供专业、细致的写作和出版指导,使这些博士论文以专著方式呈现在读者面前,促进了这些最新的优秀研究成果的快速广泛传播。相信本套丛书的出版可以为国内外各相关领域或交叉领域的在读研究生和科研人员提供有益的参考,为相关学科领域的发展和优秀科研成果的转化起到积极的推动作用。

感谢丛书作者的导师们。这些优秀的博士学位论文,从选题、研究到成文,离不开导师的精心指导。我校优秀的师生导学传统,成就了一项项优秀的研究成果,成就了一大批青年学者,也成就了清华的学术研究。感谢导师们为每篇论文精心撰写序言,帮助读者更好地理解论文。

感谢丛书的作者们。他们优秀的学术成果,连同鲜活的思想、创新的精神、严谨的学风,都为致力于学术研究的后来者树立了榜样。他们本着精益求精的精神,对论文进行了细致的修改完善,使之在具备科学性、前沿性的同时,更具系统性和可读性。

这套丛书涵盖清华众多学科,从论文的选题能够感受到作者们积极参与国家重大战略、社会发展问题、新兴产业创新等的研究热情,能够感受到作者们的国际视野和人文情怀。相信这些年轻作者们勇于承担学术创新重任的社会责任感能够感染和带动越来越多的博士生,将论文书写在祖国的大地上。

祝愿丛书的作者们、读者们和所有从事学术研究的同行们在未来的道路上坚持梦想,百折不挠!在服务国家、奉献社会和造福人类的事业中不断创新,做新时代的引领者。

相信每一位读者在阅读这一本本学术著作的时候,在吸取学术创新成果、享受学术之美的同时,能够将其中所蕴含的科学理性精神和学术奉献精神传播和发扬出去。

清华大学研究生院院长

2018 年 1 月 5 日

导师序言

现代工业使用了大量金属管道,其在服役过程中,大多处于严苛的运行环境或复杂的运行工况,面临腐蚀、高温、高压等环境,且缺乏有效的维护,极易发生部件失效和安全事故等,从而威胁人们正常的生产生活。

目前对管道缺陷进行检测的方法主要有涡流法、超声波检测法、漏磁检测法等。超声检测技术具有穿透能力强、缺陷定位准确度高、灵敏度高、检测速度快等优点,但常规超声体波逐点扫描的工作方式检测效率低,而且不能检测探头无法直接接触到的部位。

超声导波是在规则物体中,由于边界的作用而产生的稳定向前传播的波。超声导波检测具有长距离、大范围、高效率的优势。一方面,超声导波沿传播路径衰减小,传播距离远,回波信号包含部件整体性的信息;另一方面,导波传播是介质中所有质点共同振动的结果,因此导波既可以检测部件的表面缺陷,也可以检测部件的内部缺陷。目前,超声导波检测方法越来越受到关注。然而,超声导波相比于超声体波,具有更加复杂的特性。导波呈现频散和多模态的特征,对其应用带来挑战;超声导波的建模分析和有效应用也一直是学术界广泛关注的难点问题。

本书作者王哲是重庆大学本科优秀毕业生,免试直读清华大学博士,论文工作基于管道缺陷电磁超声螺旋导波检测方法展开,取得了较突出的研究成果,获清华大学2021年优秀博士学位论文。本书基本内容来自于王哲的博士学位论文。

本书内容包括螺旋导波电磁超声换能器、导波多模态分解和特征提取方法、超声导波缺陷检测概率性重构方法和压缩感知超声波动层析成像方法。本书为管道缺陷检测提供了新思路和新方法,具有重要的学术价值。

超声导波除了可在管道中传播并被利用外,还可用于杆状和板状结构件的缺陷检测,已应用在储罐底板、电缆、铁轨、钢丝绳和飞机机翼等构件缺陷检测中。随着人们对金属构件结构健康监测越来越重视,利用嵌入式超声导波传感器进行原位检测以及实时在线监测将体现其应用价值。本书是相关专业研究生的重要参考资料,也可作为无损检测从业人员的参考书。

黄松岭
清华大学电机工程与应用电子技术系

摘 要

在管道中激发的螺旋导波可沿多个螺旋角度传播,探索如何将其更有效地用于管道缺陷的准确检测和成像,具有重要的研究价值。由于目前尚缺乏利用螺旋导波进行管道缺陷层析成像的成熟方法,本书对管道缺陷电磁超声螺旋导波层析成像方法开展研究,取得了若干研究成果。

本书工作中,为在管道中激发出螺旋导波,提出了一种检测金属管道缺陷的螺旋兰姆波电磁超声换能器结构,确立了它的设计原则,阐述了它的工作原理,定义了用于声场分析的圆周角度分布图。利用有限元仿真,验证了所设计的电磁超声换能器激发螺旋兰姆波的可行性;并通过物理试验,与传统换能器进行比较,证明了所设计换能器具有优越性。

为辨识并分离时域重叠的多模态导波信号,提出了一种基于多项式Chirplet 变换的多模态导波分离方案,形成了不同模态导波信号的走时和幅度特征提取算法。仿真信号验证表明,该算法可从时域重叠的导波信号中有效辨识出所含有的不同模态成分,且比原有的线性 Chirplet 变换和互相关方法具有更高的走时提取精度。实测信号验证表明,所提出方法能够准确提取导波信号的幅度,且缺陷定位准确性优于线性 Chirplet 变换方法。

为定性评估管道缺陷的严重程度,提出了一种快速多螺旋兰姆波层析成像方法。具体地,基于对导波的直射线近似,建立了螺旋兰姆波缺陷检测概率性重构方法。单缺陷和双缺陷仿真案例的成像结果表明,所提出的层析成像方法不仅可描述缺陷区域,并且能表征缺陷的相对严重程度。对实际腐蚀缺陷的试验研究证实,成像结果描述了管道腐蚀缺陷轮廓,使用多个阶次的螺旋导波能够提升图像分辨率,且对缺陷最深处的定位具有较高精度。

为定量评估管道缺陷的深度和轮廓,提出了一种基于超声衍射的高分辨率层析成像方法。具体建立了跨孔层析傅里叶衍射定理,提出了有限投影下的压缩感知层析成像模型。采用该方法对仿真阶梯状缺陷实施成像的结果表明,管道周向截面壁厚最薄处的估计误差为 2.75%,成像均方根误差为 0.026。实际缺陷试验测试结果表明,相比于仅利用直达波的成像,利用多螺旋导波进行层析成像,可获得更高的管道厚度重构精度和图像分辨率。

关键词:螺旋导波;缺陷检测;换能器;模态分离;层析成像

Abstract

The helical guided wave excited in the pipeline can propagate along multiple helical angles. It is of important research significance to explore the use of helical guided wave for accurate detection and imaging of pipeline defects effectively. In view of the lack of mature methods for pipeline defect tomography using helical guided waves, this book has carried out research on electromagnetic ultrasonic helical guided wave tomography methods for pipeline defects, and has achieved several research results.

In order to excite helical guided waves in pipelines, this book proposes a helical Lamb wave electromagnetic ultrasonic transducer structure for detecting defects in metal pipelines. Its design principles are established and its working theories are explained. The circumferential angular profile is defined for the analysis of the ultrasonic field. The finite element simulation is used to verify the feasibility of the designed electromagnetic ultrasonic transducer to excite the helical Lamb wave. The physical test is also conducted and the results are compared with the traditional transducer, which proves the superiority of the designed transducer.

In order to identify and separate the time-domain overlapping multi-modal guided wave signals, a multi-modal separation scheme based on polynomial Chirplet transform is proposed. The time-of-flight and amplitude feature extraction algorithms of different modal signals are also established. Simulation verification shows that the algorithm can effectively identify the different modal components contained in the time-domain overlapping guided wave signals. The proposed method has higher time-of-flight extraction accuracy than the original linear Chirplet transform and cross-correlation methods. The verification from the actual test signal shows that the proposed method can accurately extract the amplitude and the defect localization accuracy is better than the linear

Chirplet transform method.

In order to qualitatively evaluate the severity of pipeline defects, a fast multi-helical Lamb wave tomography method is proposed. Specifically, based on the straight-ray approximation of guided waves, a probabilistic reconstruction method for helical Lamb wave defect detection is established. The imaging results of single-defect and double-defect simulation cases show that the proposed tomography method can not only describe the defect area but also characterize the relative severity of the defect. The test of actual corrosion defects confirmed that the imaging results describe the contour of the pipeline corrosion defects. By using multiple orders of helical guided waves, the image resolution can be improved. Besides, the localization of the deepest part of the defect has high accuracy.

In order to quantitatively evaluate the depth and contour of pipeline defects, a high-resolution tomography method based on ultrasonic diffraction is proposed. Specifically, it includes establishing the Fourier diffraction theorem of cross-hole tomography and proposing a compressed sensing tomography model under finite projections. The results of simulated ladder-shaped defect imaging using this method show that the estimated wall thickness error of the thinnest part in the pipe circumferential section is 2.75%, and the root mean square error of the image is 0.026. The actual defect test results show that compared to imaging using only direct waves, using multi-helical guided waves for tomographic imaging can achieve higher pipeline thickness reconstruction accuracy and image resolution.

Key words: Helical guided wave; Defect detection; Transducer; Modal separation; Tomography

目　录

第1章　绪论 ··· 1
1.1　选题背景和意义 ·· 1
1.2　管道电磁超声导波检测的研究现状 ···································· 3
1.2.1　电磁超声导波激发机理 ·· 3
1.2.2　管道中的超声导波 ··· 4
1.3　导波投影数据提取方法研究现状 ·· 6
1.3.1　导波与缺陷的相互作用 ··· 6
1.3.2　导波信号分析与投影数据提取 ···································· 8
1.4　管道缺陷导波成像方法研究现状 ······································ 10
1.5　本书研究内容 ··· 13

第2章　管道螺旋兰姆波电磁超声换能器研究 ······························ 16
2.1　本章引论 ·· 16
2.2　螺旋兰姆波电磁超声换能器结构设计 ································· 17
2.2.1　兰姆波的基础理论 ··· 17
2.2.2　螺旋兰姆波换能器设计 ··· 20
2.3　管道螺旋兰姆波洛伦兹力理论模型 ···································· 23
2.4　螺旋兰姆波换能器性能仿真验证 ······································ 25
2.5　螺旋兰姆波换能器试验验证和比较分析 ······························· 29
2.5.1　平台搭建和试验验证 ·· 29
2.5.2　与传统换能器的比较 ·· 32
2.6　本章小结 ·· 36

第3章　超声导波重叠信号分离和特征提取 ································· 38
3.1　本章引论 ·· 38
3.2　重叠信号分离识别和特征提取 ·· 39

	3.2.1 导波的频散和多模特性	39
	3.2.2 多项式 Chirplet 变换	40
	3.2.3 基函数的构建	43
	3.2.4 非平稳信号的瞬时频率	45
3.3	重叠导波信号分离和特征提取步骤	46
3.4	仿真信号试验验证	48
	3.4.1 边界反射案例	49
	3.4.2 变距离缺陷下的稳健性验证	51
3.5	复杂反射试验验证和比较	55
	3.5.1 考虑缺陷和边界带来的重叠	55
	3.5.2 进一步比较和分析	59
3.6	本章小结	62

第 4 章 基于直射线近似的快速螺旋导波层析成像 … 63

4.1	本章引论	63
4.2	管道多螺旋角度导波直线传播模型	64
4.3	概率性重构成像方法	66
	4.3.1 基于信号差异系数的成像模型	66
	4.3.2 概率性重构方法步骤	69
4.4	基于概率性重构的层析成像仿真试验验证	70
	4.4.1 单缺陷案例	70
	4.4.2 双缺陷案例	74
4.5	实际复杂缺陷试验验证	75
	4.5.1 平台搭建和成像验证	75
	4.5.2 进一步比较和分析	77
4.6	本章小结	80

第 5 章 基于超声衍射的高分辨率螺旋导波层析成像 … 81

5.1	本章引论	81
5.2	针对跨孔层析的傅里叶衍射定理	82
5.3	压缩感知波动层析成像模型	87
	5.3.1 非均匀快速傅里叶变换	88
	5.3.2 有限投影下的层析重建	91

   5.3.3 压缩感知求解模型 ……………………………………… 94
 5.4 基于超声衍射的层析成像方法与步骤 ……………………………… 95
 5.5 阶梯状缺陷波动层析成像仿真试验验证 …………………………… 97
 5.6 复杂缺陷波动层析成像试验验证 ………………………………… 103
   5.6.1 实际复杂缺陷成像验证 ……………………………… 103
   5.6.2 进一步比较和分析 …………………………………… 105
 5.7 本章小结 ……………………………………………………………… 108

第 6 章 总结与展望 …………………………………………………… 109
 6.1 结论 …………………………………………………………………… 109
 6.2 进一步工作的建议 …………………………………………………… 111

参考文献 …………………………………………………………………… 112

CONTENTS

Chapter 1 Introduction 1
  1.1 Background and Significance of Topic Selection 1
  1.2 Research Status of Electromagnetic Ultrasonic Guided Wave Inspection of Pipelines 3
    1.2.1 Electromagnetic Ultrasonic Guided Wave Excitation Mechanism 3
    1.2.2 Ultrasonic Guided Waves in Pipelines 4
  1.3 Research Status of Guided Wave Projection Data Extraction Method 6
    1.3.1 Interaction of Guided Waves with Defects 6
    1.3.2 Guided Wave Signal Analysis and Projection Data Extraction 8
  1.4 Research Status of Guided Wave Imaging Methods for Pipeline Defects 10
  1.5 Research Content 13

Chapter 2 Research on Pipeline Helical Lamb Wave Electromagnetic Ultrasonic Transducers 16
  2.1 Introduction to this Chapter 16
  2.2 Structural Design of Helical Lamb Wave Electromagnetic Ultrasonic Transducer 17
    2.2.1 The Basic Theory of Lamb Wave 17
    2.2.2 Design of Helical Lamb Wave Transducer 20
  2.3 Theoretical Model of the Lorentz Force for the Pipeline Helical Lamb Wave 23

2.4 Simulation and Verification of the Performance of
the Helical Lamb Wave Transducer ………… 25
2.5 Experimental Verification and Comparative Analysis
of Helical Lamb Wave Transducers ………… 29
    2.5.1 Platform Construction and Verification ………… 29
    2.5.2 Comparison with Traditional Transducers ………… 32
2.6 Chapter Summary ………… 36

Chapter 3 Ultrasonic Guided Wave Overlapping Signal Separation and Feature Extraction ………… 38
3.1 Introduction to this Chapter ………… 38
3.2 Overlapping Signal Separation Identification and
Feature Extraction ………… 39
    3.2.1 Dispersion and Multimode Characteristics
of Guided Waves ………… 39
    3.2.2 Polynomial Chirplet Transform ………… 40
    3.2.3 Construction of Basis Functions ………… 43
    3.2.4 Instantaneous Frequencies of
Non-Stationary Signals ………… 45
3.3 Overlapping Guided Wave Signal Separation and
Feature Extraction Steps ………… 46
3.4 Verification with Simulation Signal ………… 48
    3.4.1 Boundary Reflection Case ………… 49
    3.4.2 Robustness Verification under Defects
with Variable Distance ………… 51
3.5 Verification and Comparison under Complex Reflection ………… 55
    3.5.1 Considering Overlap from Defects and
Boundaries ………… 55
    3.5.2 Further Comparison and Analysis ………… 59
3.6 Chapter Summary ………… 62

Chapter 4 Fast Helical Guided Wave Tomography Based on Staight Ray Approximation ………… 63

4.1　Introduction to this Chapter ……………………………… 63
4.2　Pipeline Multi-Helical Guided Wave
　　 Propagation Model ………………………………………… 64
4.3　Probabilistic Reconstruction Imaging Methods …………… 66
　　 4.3.1　Imaging Models Based on Signal
　　　　　 Difference Coefficient ………………………………… 66
　　 4.3.2　Probabilistic Reconstruction Method Steps ………… 69
4.4　Verification for Tomography Based on Probabilistic
　　 Reconstruction with Simulation Signal …………………… 70
　　 4.4.1　The Single Defect Case ……………………………… 70
　　 4.4.2　The Double Defect Case …………………………… 74
4.5　Verification with Real Complex Defect …………………… 75
　　 4.5.1　Platform Construction and Imaging Verification …… 75
　　 4.5.2　Further Comparison and Analysis ………………… 77
4.6　Chapter Summary ………………………………………… 80

**Chapter 5　Ultrasonic Diffraction-Based High-Resolution Helical Guided
　　　　　　Wave Tomography** …………………………………… 81
5.1　Introduction to this Chapter ……………………………… 81
5.2　The Fourier Diffraction Theorem for Cross-hole
　　 Tomography ………………………………………………… 82
5.3　The Compressed Sensing Tomography …………………… 87
　　 5.3.1　Non-uniform Fast Fourier Transform ……………… 88
　　 5.3.2　Tomographic Reconstruction under Finite
　　　　　 Projection ……………………………………………… 91
　　 5.3.3　Solution Based on Compressed Sensing …………… 94
5.4　Procedures of Ultrasound Diffraction-Based
　　 Tomography ………………………………………………… 95
5.5　Verification with Simulated Staircase Defect
　　 for Tomography …………………………………………… 97
5.6　Verification of Tomography with Complex Defect ……… 103
　　 5.6.1　Verification with Real Complex Defect …………… 103

  5.6.2 Further Comparison and Analysis ……………… 105
5.7 Chapter Summary ………………………………………… 108

Chapter 6 Conclusions and Future Recommendations ……………… 109
6.1 Conclusion ………………………………………………… 109
6.2 Recommendations for Further Work ……………………… 111

References ……………………………………………………………… 112

第1章 绪　　论

1.1　选题背景和意义

管道广泛应用于现代工业体系中,是保障城市正常运作的重要"生命线"。例如,在石油化工行业,90%以上的石油和天然气通过管道输送;在电力行业,火力发电厂具有大量的蒸汽管路及压力管道,风力发电中风机的关键部件主轴也呈现管状结构;在给排水行业,地下分布有绵延纵横的管道系统。目前,工业中的这些管道大多处于严苛的运行环境或复杂的运行工况中,面临腐蚀、高温、高压等极端环境,而且大量管道已服役多年,缺乏有效的定期维护,极易产生部件失效等情况。如果石油或天然气出现泄漏,可能发生火灾、爆炸等重大安全事故,造成生态环境污染和财产损失,为生产生活带来负面影响。

目前对管道进行检测的方法有射线法、涡流法、漏磁检测法、磁粉法、超声波检测法等[1-3]。其中,射线法使用放射源如 X 射线等开展检测,成本较为昂贵,且存在辐射安全问题。在原理上,涡流检测法难以对材料内部的缺陷进行检测,漏磁检测法则对微小裂纹不敏感,且涡流法和漏磁检测法均为局部检测,对于传感器难以覆盖的区域,则无法进行有效检测。磁粉检测只能检测表面和近表面缺陷,且其灵敏度会受到磁化方向的影响。超声波检测法又可细分为体波检测和导波检测。体波法主要采用逐点扫查方式进行,其更适宜于检测体积型部件。超声导波检测具有长距离、大范围、低成本的优势。一方面,超声导波沿传播路径衰减小,传播距离远,回波信号包含构件整体性的信息[4-6];另一方面,导波传播是介质中所有质点共同振动的结果,因此导波既可以检测表面缺陷,也可以检测内部缺陷,且灵敏度较高[7]。因此,超声导波适合检测长距离的管道,导波检测法也受到越来越多的关注[8-10]。

常用的超声导波激励方式主要有压电式、脉冲激光式和电磁式。其中,压电式需要使用压电晶片将电压转换为超声振动,再通过耦合剂将振动传递到被检测件中[11]。脉冲激光式和电磁式可以实现非接触的激发,脉冲激发式利用激光脉冲在物件中产生应力脉冲,但需要昂贵的激光设备。电磁式使用电磁场激发声场,其原理主要有洛伦兹力机理和磁致伸缩效应两种[12]。电磁超声换能器(electromagnetic acoustic transducer,EMAT)可以实现电磁式的激发,在实际使用时,无需使用耦合剂进行声波耦合,因此对被测物件表面清洁程度要求低,无需剥离管道包覆层,且可以应用于高温等特殊环境[13]。洛伦兹力可以在金属性材料中产生,而磁致伸缩效应主要发生在铁磁性材料中。一种基本理论认为,铁磁性材料中分布有方向各异的磁畴,通过施加控制磁场,让这些磁畴产生形变和偏转,可以激发振动、形成超声波。

超声导波包含导波传播路径上被测物件的健康状态信息,非常适合于长距离管道的检测。随着弹性力学的发展,对平板中的导波理论研究较早,且已较为完善。对于管道导波的理论研究,Gazis D C 在 1959 年基于线性弹性理论建立了三维模型下管道导波特征方程,并对方程进行了数值求解,初步分析了波的振动模态[14,15]。随后,更多学者对导波进行了补充研究,不断完善导波体系,探究波的传播特性及导波与缺陷的相互作用,并分析针对缺陷的检测和辨识能力[16-18]。

导波换能器可以形成阵列结构,从而控制激发的声场,实现聚焦、扫查等功能。电磁超声阵列检测方法在工业领域的应用研究起步较晚,目前的超声调控基本建立在均匀介质中体波相控阵的基础上[19]。Ing R K 等利用斜楔式导波换能器,提出以时间反转法实现导波在被检测物件表面的聚焦,但声波时间反转法需要两次发射过程,其聚焦声束难以控制[20];Koduru J P 等使用环形换能器组成阵列,并对不同阵元施以优化的时间延迟,控制激发的导波模态[21];Wilcox P D 等利用若干独立点源组成环形电磁超声换能器阵列,对接收信号进行相位叠加,获得合成的 B 扫描图像,并使用去卷积改进相位叠加算法抑制旁瓣,且减少所需换能器个数[22,23]。然而,磁声换能器的尺寸通常较大,能够布置的个数有限,且换能器之间较难保证一致性,从而影响阵列的控制效果,降低检测分辨率。

目前的研究中,针对金属管道常见的导波检测,主要采用轴对称激发的方式,在管道周向 360° 布置导波换能器,覆盖整个周长范围,激发轴向导波。轴向导波对周向裂纹敏感度高,主要用来检测沿管道周向扩展的缺陷。但是轴向导波的传播具有方向性,会以单一角度在缺陷边缘处发生反射和透射,因此,接收到的导波信号含有的管道健康状况信息较少,不利于进行后期的数据处理,从而难以用于对管道缺陷的诊断。

利用非轴对称激发,可产生沿管道螺旋线传播的螺旋导波,通过调整螺旋角度,可以使得导波从多个方位穿越检测区域[24]。螺旋兰姆波和螺旋SH波均不仅可以实现常规轴向导波对缺陷在管道轴向的定位,而且可以实现缺陷在周向的定位。螺旋导波结合阵列式的布置,可以提取多组数据,实现管道缺陷的可视化。从目前已有的文献看,螺旋兰姆波在缺陷成像中的应用已引起了部分学者关注,但关于螺旋SH波的研究还处于早期阶段。电磁超声换能器相比于压电换能器,通常具有较大的体积,因此难以形成阵列。由于螺旋导波换能器可以激发沿多个螺旋角度传播的导波,因此该换能器可以在一定程度上克服上述问题,即使用稀疏布置的阵列来激发以多个螺旋线方向沿管道传播的导波,可增加管道中导波的声场覆盖范围,有利于提高缺陷成像的分辨率。总体而言,螺旋导波具有广阔的应用前景,但是目前的相关研究较为缺乏。

电磁超声导波成像方法,通过彩色或灰度图直观反映被检测物体的健康状况。目前,有研究学者开展了导波层析成像和散射成像的研究。其中,导波层析成像是在采用射线理论分析导波传播路径后,提取走时数据,得到物体内部厚度等信息;散射成像则是基于导波散射理论实现缺陷定位,并进一步分析得到缺陷轮廓。然而,导波层析成像存在数据不完全、干扰因素多等缺点,且利用导波检测信号提取的走时、相位等信息存在较大误差;而导波散射成像局限于对缺陷轮廓的描述,缺乏缺陷内部的厚度特征,而且实际缺陷通常复杂多样,会造成导波散射信号杂乱无章,对检测信号中有用信息的提取带来挑战。因此,开展管道电磁超声导波信号特征的高效、准确提取,以及对管道体积型缺陷三维高精度成像模型的研究,对管道健康状态的有效监测具有重要意义。

1.2 管道电磁超声导波检测的研究现状

1.2.1 电磁超声导波激发机理

电磁超声换能器的换能过程涉及电磁场、力场和声场等多物理场的相互耦合,如图1.1所示,其中,电磁场通常包含静态偏置磁场和动态磁场。由于存在多个物理场,整个换能过程的理论求解过程较为复杂。早期的换能器设计和优化需要借助大量的物理试验,耗时耗力,且时常无法获得理想结果。随着计算机硬件性能的提升及数值仿真算法的不断完善,有限元分析提供了数值仿真的解决方案,加速了设计和优化进程,成为科学研究的重要工具。

图 1.1　电磁超声换能器中电-磁-力-声多物理场的耦合

对于洛伦兹力机理,20 世纪 70 年代,Thompson R B 建立了电磁超声表面波和电磁超声兰姆波换能器的模型[25,26]。Ogi H 采用数值仿真方法,探究了静磁场与换能器效率之间的关系[27]。Jian X 等结合解析法和数值计算法,分析了 EMAT 激励表面波的过程[28]。李智超采用三维有限元方法,仿真分析了铝板中的洛伦兹力及声场分布[29]。郝宽胜提出了基于洛伦兹力和磁致伸缩机理的换能器完整换能过程的有限元分析和解析分析方法[30]。杨理践等利用有限元分析方法,对洛伦兹力作用下铝板内形成电磁超声波的过程进行了仿真[31]。Wan X 等建立了数值模型,以定量评估仿真精度,并分析合适的有限元尺寸和时间步长[32]。因此,关于洛伦兹力换能的研究较为清晰,已经用于指导换能器的设计。

对于磁致伸缩现象,De Lacheisserie、Jiles D C 等对该现象进行了初步研究,注意到铁磁性材料受到磁化会产生形变,且当施加动态磁场时,铁磁性材料内的磁畴反复偏转,引起局部振动[33,34];Thompson R B 类比压电换能器的理论模型,使用压磁方程建立了磁致伸缩过程中的力-磁耦合关系[35]。Pérez-Aparicio J L 等考虑非线性和动态效应,基于连续物理方程,分析了铁磁性材料中磁致伸缩效应的全耦合模型,并开展了有限元仿真验证[36]。王悦民等分析了在管道中激励纵向导波的磁致伸缩作用力模型,并设计了磁致伸缩传感器[37]。然而,现有的磁致伸缩模型大多仅适用于某些特殊情况。除此之外,铁磁性材料的磁化具有非线性,不易进行量化试验研究。随着材料理论的发展,对相应磁致伸缩效应的机理研究还需要继续深入。

1.2.2　管道中的超声导波

管道的特殊结构决定了导波在其中可以沿轴向、周向和螺旋方向传播。因此,管道中存在多种类型的超声导波,包括周向导波、轴向导波和螺旋导波。进一步地,周向导波可细分为周向兰姆波和周向 SH 波;螺旋导波可细分为螺旋兰姆波和螺旋 SH 波。对于周向导波，Qu J 等求解了周向兰姆波的频散特性[38,39]；Zhao X 等对周向 SH 波进行了理论分析和频散特性求解[40]。当管道半径较大而壁厚较薄时，周向导波的频散特性将会接近于平板中相应导波的频散特性。周向导波对管道中轴向发展的缺陷具有较高的灵敏度，然而为实现对一段管道的检查，相应的传感器需要沿着管道移动，从而在检测时需要耗费更多时间，降低了其检测效率[41]。轴向导波主要划分为纵向模态(longitudinal mode)、扭转模态(torsional mode)和弯曲模态(flexural mode)，其粒子振动位移具有不同的分量[42]。这些模态中，常用的是轴对称扭转 T(0,1)和纵向 L(0,2)模态。近年来，新的换能器结构设计不断涌现，以增强换能器的导波转换效率，控制激发的模态，并提高信噪比。人们对导波与缺陷之间的映射关系进行研究，促进了缺陷轮廓和深度的量化分析。通过不同的特征提取方法，可以获取导波蕴含的信息，并推动缺陷检测可视化的发展。

轴向导波中的纵向模态和扭转模态会沿管道轴向传播，对管道周向缺陷较为敏感。Kwun H 等研制了基于线圈和偏置磁铁的换能器，利用磁致伸缩效应激励出纵向模态导波[43]。Liu Z 等设计了包含多分裂弯曲线圈的换能器，以增强所产生的纵向模态导波的信号能量[44]。对于扭转模态导波，Cho S H 等使用直流电流产生偏置磁场，利用交流电流产生动态磁场，并使得这两个磁场同时作用于多个磁致伸缩条，从而基于磁致伸缩效应激励出扭转模态的导波，并且进一步研究了磁致伸缩条的方向对导波激发效率的影响[45]。Nakamura N 等在管道周向布置永磁体阵列(periodic permanent magnet，PPM)及跑道型线圈，基于洛伦兹力激发基波扭转模态的导波及高阶模态导波[46]。然而，轴向导波传播方向较为局限，不利于对管道缺陷的成像。

金属管道中的螺旋导波可以沿着两个周向布置的换能器之间的螺旋路径传播[24,47-49]。与沿管道轴向传播的导波相比，螺旋导波可以从更多的螺旋角度穿过检测区域，可以获得相应缺陷的更多信息，这无疑有助于构建更准确的缺陷图像[50]。有研究从波动控制方程或壳理论(shell theory)出发，进行了螺旋形式传播导波的推导。Langley R S 应用了 Love-Timoshenko 壳体理论，考虑了圆柱型薄管中螺旋导波的运动和能量流，将群速度和能流方向表达为螺旋导波角度的函数，发现能量流与螺旋角度并不一致[51]。Tyutekin V V 对圆柱壳体中的螺旋导波进行研究，将其看成等价的在板中传播的导波，并根据 Kirchhoff-Love 假设，推导得到了螺旋导波的频散方程,分析了导波在管中充满流体以及弹性介质中圆柱空洞附近传播的情况[52,53]。Kannajosyula H等在圆柱极坐标下,导出了亥姆霍兹向量方程的指数函数的闭形式解。这种求解方法是在物理空间的每个点取单值,应用于各向同性弹性管道的边界值问题时,产生了弹性螺旋导波传播的方程,且对选择的螺旋角度求解了频散特性,并将结果与传统的螺旋导波观点进行了比较[54]。目前的研究中,大多数学者都将管道中的导波类比于平板部件中的导波,即将管道展开成平板后,直接应用板波理论进行缺陷辨识和图像重建。

Kim H W等提出了产生螺旋SH波的分段磁致伸缩带换能器阵列,其中,永磁体提供静态磁场,曲折线圈流经电流,从而提供动态磁场;在这两个磁场作用下,基于磁致伸缩效应激励螺旋SH波[55]。该螺旋SH波可同时辨识出缺陷的轴向和周向位置。该研究团队还设计了具有"8"字形线圈的磁致伸缩换能器,其可使得所激发出的导波具有较宽的指向性,而且沿管道周向能够聚焦更多的声束能量[56]。然而,目前的电磁超声换能器产生的导波主要有两类,一类是集中式的,即导波主要集中在一个方向上,其声束较窄;而另一类是全向型的,在各个角度均激励导波,但能量过于分散。对于螺旋兰姆波,Balvantin A等基于压电换能器设计了半球形探头,并使用干耦合剂将螺旋导波耦合到管道中[57]。其他学者也大多使用压电换能器进行导波激励,并将研究重点放在信号后处理上。然而,压电换能器需要解决耦合问题,这限制了其应用范围。综上所述,关于螺旋导波的激励和利用还需要进一步深入研究。

1.3　导波投影数据提取方法研究现状

1.3.1　导波与缺陷的相互作用

当超声导波在传播路径上遇到不连续面时,会发生反射和透射,某些情况下还会使其模态发生转换。因此,接收到的导波信号中,会包含其途径路径上各点的健康状况信息。通过定量分析导波受到缺陷影响的程度,可以利用导波携带的检测信息来判断缺陷状况。

对于兰姆波与缺陷之间的相互作用,Lowe M J S等研究了基波对称模态在平板圆形通孔缺陷处的反射和散射[58];Diligent O等分析了基波反对称模态在平板矩形切槽处的反射特征[59]。Terrien N等使用有限元与模态分解相结合的方法,计算了兰姆波与微缺陷的相互作用,并验证了高频厚积下的高阶模态导波与微小矩形切槽的作用[60]。张苏周使用有限元方法,模拟了铝板中传播的兰姆波与裂纹之间的相互作用,计算了频率范围为100～500 kHz的兰姆波在裂纹前端和尾端的散射系数,以此定量分析了接收到的信号[61]。Masserey B等使用有裂纹缺陷和无缺陷情况下的导波能量比值,研究了裂纹的增长,发现对于较大的裂纹,导波能量损失与裂纹尺寸之间呈较强相关关系,且仿真和实验结果呈现出一致性[62]。Yu X等利用高阶模态导波波长较短的特性,检测焊缝中的裂纹;为找到合适的模态,他们评估了不同高阶模态导波对缺陷的敏感度,但其仅考虑了焊缝这一特殊情况[63]。Leckey C等使用三维弹性动力学有限积分法,研究了各向异性复合板中的微裂纹对超声波传播的影响,发现微裂纹的散射造成了波的能量衰减[64]。进一步地,Roberts R A使用边界元方法,分析了碳纤维增强聚合物中随机分布的基体微裂纹对超声波的干扰,将波的散射建立为微裂纹密度的函数,并使用指数拟合,获得了超声波衰减的估计值[65]。陈军等开展实验研究,发现对称基波模态的兰姆波对裂纹型和贯穿型缺陷较为敏感,但对于裂纹型缺陷,兰姆波的幅值变化与缺陷大小并非呈线性关系[66]。通过分析兰姆波与缺陷之间的相互作用并进行量化计算,可以为缺陷严重程度的评估提供依据。

也有人研究了管道中的纵向模态和扭转模态导波与缺陷的相互作用。Alleyne D N等研究了L(0,2)模态的反射系数与管道刻槽尺寸之间的量化关系,发现导波反射系数与刻槽的圆周扩展程度近似呈线性关系,与深度比例的关系则更加接近线性,且有限元仿真验证与物理实验结果较为一致[67]。反射系数需要利用信号幅度信息,然而,幅度不可避免地会受到换能器与管壁贴合程度的影响。为此,Amjad U等重点分析了管道缺陷与导波信号走时和瞬时相位的关系,实验结果表明,走时对缺陷尺寸较为敏感[68]。Demma A等研究了10～300 kHz的基波扭转模态反射系数与管道缺陷的量化关系,发现在给定频率下,缺陷深度增加会带来反射系数的增加,在高频和低频下,反射系数与缺陷尺寸呈现不同的关系,且缺陷为非轴对称时,会有模态转换现象发生,例如扭转模态会转变为弯曲模态[69,70]。进一步地,Løvstad A和Carandente R等分析了基波扭转模态与更多类型缺陷之间的相互作用,这些缺陷包括同时存在的多个圆形孔洞缺陷、自然生长的凹坑群,以及具有复杂轮廓的缺陷[71-73]。研究者们不断深入探索导波与缺陷的关系,为缺陷的量化及成像奠定了理论基础。

导波的检测会受到外部环境的影响。管道可能运行于高温高压工况下,也可能埋于地面之下,并且管道存在较多配件,这些情况均对管道缺陷检测带来挑战。针对复杂状况及复杂缺陷的管道导波检测,部分学者开展了相关研究。Hernandez-Valle F 和 Burrows S E 等分别利用脉冲电磁铁和水冷式线圈,设计了应用于高温场景的电磁超声换能器[74,75];Kwun H 等研究了导波在煤焦油磁漆覆盖管道中的传播,分析了衰减系数随激励频率变化的规律[76];Zhang Y 等对埋地管道进行了长期监测,并对测得数据进行差异化提取,得到了管道的健康状况[77];蔡海潮等研究了管道内液体介质压力对超声导波传播的影响[78];Hayashi T 等根据管道弯曲轴建立坐标系,采用数值模拟技术分析了 90°弯管处的导波传播特性[79];王秀彦等通过实验,得到了不同曲率半径的 90°弯管中 L 模态的透射系数,分析了幅度衰减情况[80];Verma B 等分析了任意弯折角度和半径情况下轴对称导波的传播,验证了导波在弯管处检测缺陷的可行性[81]。然而,实际管网中,管道连接复杂且配件繁多。目前,对导波应用于复杂状况的研究相对较少,还需要进一步完善管道导波检测理论和方法。

1.3.2 导波信号分析与投影数据提取

导波信号中蕴含着被检对象的缺陷信息,但导波自身具有频散和多模态特性;除此之外,导波遇到缺陷时还可能会发生模态转换,且端面处存在反射,而被检结构件中可能存在多个距离较近的缺陷。这些因素均对导波信号特征的有效提取和解释带来困难。

多种模态的导波可以同时在被测结构件中传播,因此接收信号中难免会出现不同模态相互重叠的情况。Xu K 等引入 Crazy Climber 算法,在时频展示(time-frequency representations)中分离出了各个模态导波的时频脊线,并可以从时频脊线中重构时域信号[82]。Leonard K R 等提出了频率爬行走时分类方法,以区分不同模态的导波,从而能够精确提取多种模态导波的走时信息[83];Rostami J 等考虑穿墙高污染管道的隐蔽腐蚀检测,结合小波变换(wavelet transform)和光滑经验模态分解(smooth empirical mode decomposition)方法,分离出了重叠导波信号[84]。Zoubi A B 等采用激发信号与接收信号的 cross-Wigner-Ville 分布,通过脊线提取的方法,在时频域分离导波分量和反射分量,使用逆分布即可重构时域信号,但是该方法不能有效辨识导波模态[85]。Raghavan A 等利用线性调频变换(Chirplet transform)分解多模态兰姆波[86];然而,他们使用的 Chirplet 原子的线性时频行为,并不能很好地分析频散兰姆波。Zhao M 等应用脊线跟踪和

Vold-Kalman滤波器分离宽带激励信号产生的干扰波模态[87]；然而，宽带兰姆波引起了更多的模态和复杂的重叠。Zhang Y等将经验模态分解（empirical mode decomposition，EMD）与短时傅里叶变换（short-time Fourier transform）相结合，进行重叠信号的识别，但经验模态分解过程并没有将同一模态的直达波和反射波分离开来[88]。因此，对多模态兰姆波信号的分析还需要进一步研究。

导波的频散特性也会影响信号特征的准确提取[89,90]。Wilcox P D等分析了长距离检测下频散带来的影响，发现波包的时域宽度会随传播距离增加而线性增长，这限制了导波检测系统的分辨率[91]。尽管通过优化输入信号可以抑制频散，但是频散依然限制了检测的最小可分辨距离。进一步地，该团队利用频散先验知识，将时域信号映射到距离空间，并在映射过程中压缩频散信号到原始的形状，从而改善了检测的空间分辨率[92]。在激励窄带导波时，Wu W等通过补偿导波信号的非线性频移来消除频散，该方法不需要频散先验知识，且对信号中心频率不敏感，这利于该方法的实际应用[93]。频散特性虽然会阻碍兰姆波波包的辨识，但也可加以利用，以进行缺陷的成像。

目前国内外关于超声导波检测信号的特征提取，主要集中于运用时频分析方法进行走时（time of flight）和幅度的提取。Legendre S等为克服噪声影响，使用小波变换方法检测信号峰值，从而获取走时数据[94]。Grimaldi D训练小波网络（wavelet network），并用其测量超声脉冲和回波的走时信息，该方法能够降低回波叠加对走时提取带来的负面影响[95]。Dai D等利用Wigner-Ville分布具有较好的时频聚集性特点，在一维和二维结构上精确提取走时数据，从而实现对缺陷的高精度定位[96]。Zhang Y等提出时频能量密度析出走时提取方法，对窄带电磁超声导波信号进行了走时提取，降低了空间感应脉冲对走时提取的干扰[97]。Hu B等提取导波的幅度信息，并进一步计算衰减特性，将其作为投影数据输入到成像算法中[98]。Hosseinabadi H Z等使用小波变换方法提取导波信号的走时和幅度，并设计小波网络，以估计缺陷的位置及其严重程度[99]。除此之外，也有少量研究采用导波信号的相位信息进行缺陷检测。

对管道中的螺旋导波，较多研究学者将其类比为平板中的导波进行处理。当导波沿管道螺旋线方向传播时，螺旋路径较多，故导波的重叠现象更为严重。因此，在提取导波特征前，需要分离重叠的时域信号。Huthwaite P等通过采用反传播接收到的信号和迭代的滤波方案，分离出了绕管道传播不同周数的导波,其试验结果表明,该方法较为稳健,在存在噪声和换能器错位等不确定因素影响下,依然能够分离出沿不同螺旋路径传播的导波[100]。Dehghan-Niri E等研究了导波在频散曲线不同工作点激发时的传播特性,并定义了导波分离系数,以衡量螺旋导波在时域重叠的严重程度,用于分析不同因素对导波分离的影响[101]。

综上所述,对导波信号的分析处理,以及进一步的特征提取,一直是导波检测的难点。而在使用电磁超声方法激励导波方面,由于磁声换能的效率低,接收导波信号的信噪比较低,不利于对信号的后处理。对管道中的螺旋导波而言,还需要重点考虑时域重叠信号的分离。因此,需要深入研究导波模态分离和成像投影数据的精确提取方法。

1.4 管道缺陷导波成像方法研究现状

通过分析导波与缺陷的相互作用,可以判断缺陷的有无并初步量化缺陷的严重程度,在获得走时数据情况下,进一步结合波速,可以实现对缺陷的定位。随着对管道运行安全性要求的提高,管道检测在朝着缺陷可视化的方向发展,即需要根据导波投影数据重构出管道的厚度分布及缺陷的轮廓。采用高精度的导波成像方法,可以定量获取缺陷的尺寸、深度等信息。这些定量信息,是分析管道剩余寿命和评价其健康状态的重要根据,利用它们,可以安排管道维修等工作。

导波传播理论和支持向量机模型均提供了缺陷反演的方法。吴斌等在管道周向多个位置获取检测波形,基于波形预测理论,分析管道表面任意位置的波形,从而构建管道表面缺陷图像,主要用于缺陷的定位;但该方法缺失缺陷深度等信息,且不能适用于多缺陷共存的情况[102]。Davies J等实现了对管道的合成孔径聚焦成像,将散射信号重新聚焦到感兴趣的管道区域形成图像,并测量了不同缺陷位置的成像响应[103];然而,该方法需要控制多个换能器来完成聚焦过程,增加了聚焦成像过程的复杂性。Xu C等结合稀疏重构与延迟叠加成像方法进行了复合材料高解析度成像,提高了缺陷定位精度[104]。刘兵等基于最小二乘支持向量机建立缺陷回波与轮廓的非线性映射关系,并在任意输入回波数据条件下,能输出重构的缺陷二维轮廓,包括其深度和宽度信息[105];然而,该方法需要提供大量训练样本,且对复杂形状缺陷的适应性较差,难以应对实际的导波检测信号。

"层析成像"(tomography)来源于希腊语,意思为"切片",指通过一定的方法获得物体的截面图像。目前,层析成像在工业 X 射线 CT(computed tomography)、医学超声成像及地震层析成像(seismic tomography)等方面均得到了广泛应用。层析成像的原理示意如图 1.2 所示,其中,波或射线经过物体,对超声而言,可以利用反射波或透射波重构物体的内部参数分布;对 X 射线而言,主要利用穿透物体之后的衰减情况反演得到物体的图像。导波层析成像方法,是通过从不同方向接收到的导波波形中提取投影数据,利用成像算法快速、清晰地重建缺陷的图像,并获得缺陷位置、轮廓和深度等特定信息。需要补充说明的是,层析成像一般需要进行密集的投影数据采集,才能够精确地实现图像重建。而电磁超声换能器通常占有一定的体积,因此,目前的超声导波成像主要利用了体积较小的压电换能器,将其布置于待成像物体周围,轮流激励和接收导波。

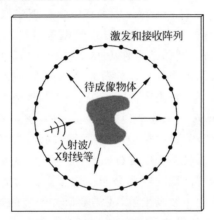

图 1.2 层析成像原理示意图

Leonard K R 等将管道看作平板结构,在轴向和周向不同位置激发螺旋导波,并将管道表面离散成网格,以导波幅度为投影数据,使用联合迭代重建方法(simultaneous iterative reconstructive technique,SIRT)获得各个网格中的衰减系数,从而得到管道图像[50]。Willey C L 等考虑导波传播为弯曲射线的方式,并将管道成像抽象为逆问题,基于接收的导波信号相位差构成信息矩阵,根据声波的程函方程(eikonal equation)建立目标函数和求解模型,再使用共轭梯度法进行迭代,进而得到缺陷的图像[106]。张海燕等利用绕管状部件最短路径的螺旋方向到达接收换能器的导波,采用联合迭代重建技术对导波信号的走时数据进行慢度图像重建[107]。Livadiotis S 等提出了一种基于直射线近似的代数重建成像方法(algebraic reconstruction technique,ART),根据管道在健康状态的信号与存在缺陷时信号之间的差异定义损伤系数,建立求解模型,并通过迭代重建成像区域的图像值[108]。上述方法,大多使用的是经典逆问题的求解方式,然而,其过程通常涉及迭代,需要根据不同的应用去设置和调整多个参数。此外,对基于螺旋导波的层析成像方法的研究还较为初步。如何快速、有效地处理多螺旋导波,以实现高分辨率缺陷成像,还有待于进一步探索。

上述成像方法主要将导波看作射线进行近似处理,在频率较高、波长较短情况下,由这种近似产生的误差可以被忽略。然而,当物体内部衍射较强或者缺陷尺寸与波长相当时,就需要考虑基于超声衍射的层析成像方法。Belanger P 等基于波场的 Born 近似,进一步推导从波束成形到衍射成像的方法,以避免直接进行衍射成像会有较大运算量,并基于环形阵列实现了缺陷的高精度成像[109]。Huthwaite P 等将医学超声成像方法引入到缺陷导波成像中,将射线层析与波动层析方法结合起来,以提高检测的分辨率;具体是将弯曲射线层析得到的结果作为波动层析中的背景声场,随后执行衍射层析算法,将成像结果作为更新的背景声场再次进行衍射层析,并经过不断迭代,得到高分辨率的缺陷图像[110]。Rao J 等将地震层析中的全波形反演(full waveform inversion,FWI)方法引入到导波成像,基于二维声场模型在频域求解前向波场,根据模型和测量数据的误差求解逆过程,得到速度分布,再根据频散关系转换为厚度分布[111]。然而,该方法需要求解整个区域的波动方程,以获得准确的声场分布。但考虑波动情况进行导波成像建模时,将涉及复杂的超声波场求解,故需要研究快速的计算方法,以尽可能达到实时高精度成像的目的。

在实际检测时,有时可能面临无法进行完全投影采集的情况,如无法在待成像物体周围 360°范围内布置换能器,从而无法在各个角度获得投影,即仅能获得有限视角的投影。另外,在 X 射线层析成像中,由于射线对人体存在危害性,研究者也在考虑使用较少投影角度,以降低射线剂量和减少扫描时间。2006 年,压缩感知(compressed sensing)方法被提出,并在随后引起广泛关注,得到了快速发展[112,113]。在图像处理领域,Candès E J 等基于压缩感知,从 22 个角度的高度不完全投影中高精度地恢复出图像,并在数理上证明了根据稀疏性可以进行信号或图像的重建[112]。Sidky E Y 等针对发散束 CT 层析成像,提出了利用凸集投影的迭代重建算法,并用稀少视角和有限角度的欠采样数据进行了验证[114]。Aharon M 等提出了基于 K-SVD 的字典学习算法,通过设计自适应的过完备字典,对图像进行稀疏化表示，从而能够从压缩的采样或包含噪声的图像中恢复出原始图像[115]。导波成像算法的优劣，直接决定着成像精度，因此，压缩感知为不完全投影情况下的缺陷高精度层析成像提供了新的思路。

综上所述，电磁超声螺旋导波检测方法能够有效地获取管道结构的健康状态，然而，目前的研究尚无法满足管道缺陷检测的实际需求。因此，有必要对螺旋导波开展深入研究，设计适用于管道检测使用的电磁超声换能器，并建立导波信号分析和特征提取方法，提出高精度且快速的投影数据迭代图像重建方法，得到管道缺陷的量化信息，为管道维护提供依据。这些研究对完善管道缺陷导波检测理论和方法均具有重要价值。

1.5 本书研究内容

针对上述研究现状中存在的问题和挑战，以实现管道体积型缺陷导波检测结果的可视化为目标，本书将围绕螺旋导波层析成像方法开展深入研究。

图1.3给出了本书的研究框架。遵从激励导波、提取特征和缺陷成像的内在逻辑，首先，在第2章设计针对管道结构的螺旋兰姆波换能器，在管道中产生多角度传播的导波；其次，在第3章提出超声导波重叠信号分离和特征提取方法，对导波信号进行后处理提取特征，用于进一步的成像方法构建。第2章和第3章服务于第4章和第5章。第4章阐述快速的管道缺陷层析成像方法；随后在第5章，提出基于超声衍射的高分辨率螺旋导波层析成像方法。总体而言，本书力图形成一个从螺旋导波的产生到成像的完整研究体系。

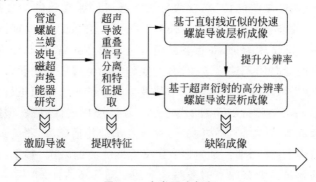

图1.3　本书研究框架

本书的具体工作和内容概述如下。

第1章,绪论。介绍本书的选题背景和研究意义,指出使用螺旋导波对管道进行缺陷检测和成像的重要价值。对管道电磁超声导波检测方法、导波投影数据提取方法和管道缺陷导波成像方法等方面前人的研究成果进行综述,分析已有研究中存在的问题和挑战,并给出本书的主要研究内容。

第2章,适于管道的螺旋兰姆波电磁超声换能器研究。针对管道导波检测和多螺旋角度传播兰姆波的需求,提出用于管道结构的螺旋兰姆波换能器设计方案。对该换能器的设计原则进行分析,并阐述管道螺旋兰姆波洛伦兹力理论模型。在COMSOL Multiphysics有限元软件中搭建模型,观察导波沿管道的传播,验证所设计换能器的可行性。定义位移圆周角度分布图,分析螺旋兰姆波在管道周向的扩散情况,证明该换能器可激发出在多螺旋角度传播的导波,且其能量主要分布在一定角度内。进一步开展试验,在管道不同轴向距离和多个圆周角度检测导波,以验证该换能器激发螺旋兰姆波的能力。定义半发散角,对换能器进行量化评估,与采用曲折线圈的传统换能器进行比较,在不同的线圈宽度下测试半发散角,以验证所设计换能器的优越性。

第3章,超声导波重叠信号分离和特征提取方法。针对兰姆波的频散和多模特性对信号的解释和利用带来的挑战,提出基于多项式Chirplet变换的模态分离方法,进一步提取各个模态的幅度和走时特征。基于兰姆波的频散特性,构建多项式Chirplet基函数集合,利用其对重叠的兰姆波信号进行匹配分解。首先在有限元仿真中获取信号,并对所提出方法进行验证,利用所提出的多项式Chirplet变换分离各个模态信号,根据基函数重构信号,并计算重构信号与原始信号之间的误差。在有限元软件中设置距离较远的缺陷,且调整缺陷的位置,获取导波传播不同距离后的接收波形,实施所提出方法,并与线性Chirplet变换和互相关方法相比较,验证该方法的稳健性。开展实际试验验证,对重叠的信号进行模态分离、走时提取和幅度提取。将提取的走时用于缺陷定位,并与缺陷实际位置进行比较,以获得定位精度,将幅度提取值与常用的希尔伯特变换提取的包络幅值进行比较。

第4章,基于直射线近似的快速螺旋导波层析成像方法。基于导波的直射线传播近似,建立管道结构的多螺旋兰姆波传播模型,将管道扩展为扁平的板状结构,并做周期性地复制;定义螺旋导波的阶次,基于检测信号和基准信号的差异系数获取直射线路径上的缺陷分布估计,进一步进行融合,以实现缺陷成像。在方法验证环节,基于有限元仿真,搭建单缺陷案例和双缺陷案例，获取检测信号，随后利用总共三个阶次的螺旋兰姆波实施成像算法，以验证对缺陷的成像能力和多缺陷的辨识能力。除此之外，开展实际复杂缺陷的试验研究和相应的比较分析，并与仅使用直达波的成像结果相比较，分析图像的分辨率，以验证使用多个阶次螺旋兰姆波进行成像的优势。将图像值转换为相对的缺陷深度值，尝试对缺陷最深处的位置进行定位。

第 5 章，基于超声衍射的高分辨率螺旋导波层析成像方法。针对定量评估管道缺陷深度的需求，基于傅里叶衍射定理构建螺旋兰姆波的缺陷成像方法。根据管道螺旋兰姆波换能器布置的方式，基于超声波动方程，构建跨孔层析的傅里叶衍射定理。考虑到能够激发和接收导波的视角有限，仅能获取不完全投影，引入压缩感知的思路，提出在有限投影下的波动层析成像模型。为验证所提出方法，在有限元仿真中搭建阶梯状缺陷模型，获取导波投影数据，并按照成像步骤实施算法。分析管道周向和轴向截面厚度变化的重构情况。定义壁厚最薄处的厚度估计误差和图像的均方根误差，以量化评估缺陷深度估计精度和轮廓成像精度。在接收的导波信号中引入噪声，分析噪声对波动层析成像的影响。进一步地，在实际复杂缺陷处开展试验验证，计算成像误差并分析分辨率。开展对比研究，仅利用 0 阶次螺旋兰姆波进行成像，验证多螺旋兰姆波波动层析成像的优势。

第 6 章，总结与展望。对本书的研究内容和成果进行总结归纳，并对未来值得关注与研究的问题和方向给出建议。

第 2 章　管道螺旋兰姆波电磁超声换能器研究

2.1　本章引论

　　管道呈现特殊的结构，使得导波在其中可以沿多个角度进行传播，具体地，管道中的导波可以沿轴向、周向以及螺旋方向传播。目前，沿轴向传播的纵向模态和扭转模态已被广泛研究，然而对螺旋导波方面的分析还较为匮乏。螺旋导波沿管道螺旋线向前方传播，在检测管道缺陷时具有较大的优势。在一定的参数条件下，管道中的导波可以类比于平板中的导波，而兰姆波在平板中传播的相关研究较为丰富，为其在管道中的研究奠定了基础。兰姆波的振动可以覆盖整个管道壁，且其对缺陷较为敏感，因此可以检测到管道表面以及内部的缺陷。然而，管道的外表面是曲面，而且部分管道运行在高温高压等特殊环境下，因此有必要研究适用于管道缺陷检测的电磁超声换能器。

　　目前，已有的管道螺旋导波大多由压电换能器产生，而电磁超声换能器主要为激发轴向导波而设计，它们大多覆盖完整的管道一周，部分学者研究了分裂式的导波换能器结构以提高效率，但设计的换能器结构过于复杂。平板结构的电磁超声换能器，其结构主要为全向型和单一方向型。全向型换能器产生的导波能量较为分散，而单一方向型换能器产生的导波能量则集中于窄声束中，传播方向单一，覆盖的检测区域较小，需要旋转换能器或移动检测物件，从而完成扫查。在实际利用电磁超声导波的过程中，外部环境不可避免地会引入噪声，而且电磁超声在原理上就存在转换效率较低的短板，会导致导波信号非常容易被噪声淹没，因此需要研究相应的信号增强方法，以提高电磁超声换能器的换能效率以及导波信号的能量。除此之外，目前的换能器大多采用曲折线圈结构，其一般具有多个回折，不能够较好地适应管道的弯曲结构，且其产生的导波能量分布特征不适用于产生螺旋导波。针对这些问题，亟需研究新型管道螺旋导波电磁超声换能器以适应管道曲面结构,使其具有螺旋向传播导波的能力,并且使声束能量不至于过分扩散。

本章试提出一种基于洛伦兹力机理的螺旋兰姆波换能器,用于产生能量集中于一定角度的螺旋兰姆波。首先,给出兰姆波的基础理论,阐述所设计的螺旋兰姆波换能器的结构和相应的原理。其次,建立理论模型,分析螺旋兰姆波激发和接收的过程。然后,通过有限元仿真和物理试验,验证该换能器的有效性。最后,进一步衡量换能器的性能,并与传统换能器的试验结果进行比较。本章的研究目的是促进螺旋兰姆波的研究,并为进一步的缺陷分析和成像奠定基础。

2.2 螺旋兰姆波电磁超声换能器结构设计

2.2.1 兰姆波的基础理论

兰姆波是弹性波的一种,其基本理论可以用自由边界条件下的弹性动力学描述。通过结合纳维运动控制方程和边界条件,可以求解得到兰姆波的理论表达式,即为瑞利-兰姆方程[116]:

$$\begin{cases} 对称模态: \dfrac{\tan(qh)}{\tan(ph)} = -\dfrac{4k^2 pq}{(q^2-k^2)^2} \\ 反对称模态: \dfrac{\tan(qh)}{\tan(ph)} = -\dfrac{(q^2-k^2)^2}{4k^2 pq} \end{cases} \quad (2.1)$$

其中,h 为平板厚度 d 的一半,即 $h=d/2$;k 为波数;p 和 q 由式(2.2)给出:

$$\begin{cases} p^2 = \dfrac{\omega^2}{c_L^2} - k^2 \\ q^2 = \dfrac{\omega^2}{c_T^2} - k^2 \end{cases} \quad (2.2)$$

其中,ω 为角频率;c_L 是纵波速度;c_T 为横波速度。

在数值上,波数可以表示为

$$k = \dfrac{\omega}{c_p} \quad (2.3)$$

其中,c_p 为兰姆波的相速度。

式(2.1)描述了兰姆波的传播特性,给出了兰姆波的频率 ω 与波数 k 之间的关系,并将兰姆波划分为两大类:对称模态(symmetric mode)和反对称模态(anti-symmetric mode)。两种模态可以同时存在于被测试件中进行传播，其位移如图 2.1 所示。在下文中，将对称模态和反对称模态分别记为 S 模态和 A 模态。可以看出，关于平板的中间平面，S 模态呈现镜面对称的波结构，而 A 模态则呈现反对称的波结构，而具体的质点位移大小和方向，则需要通过求解方程获得。这两种模态由于波结构的不同，对缺陷具有不同的敏感特性，且具有不同的可激发性。

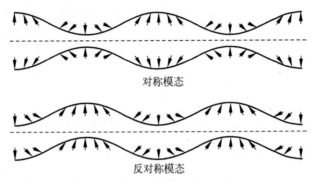

图 2.1　对称和反对称兰姆波模态

瑞利-兰姆方程没有解析解，只能通过数值方式进行求解。通过求根可以发现，对称模态和反对称模态的方程均存在无穷多个解，结果可记为

$$\begin{cases} S \text{ 模态}: S_n, n=0,1,2,\cdots \\ A \text{ 模态}: A_n, n=0,1,2,\cdots \end{cases} \tag{2.4}$$

这些数值解可以描绘为频散曲线的形式，即速度与频率的关系，结果如图 2.2 所示，其中仅展示了 S_0、S_1、A_0 和 A_1 四种模态。在图 2.2 中，横轴为频率与厚度的乘积，记为频厚积 $f \cdot d$；纵轴为群速度或相速度。群速度为兰姆波波包传播的速度，可以从相速度进一步推导得出：

$$c_g = \frac{d\omega}{dk} = c_p^2 \left[c_p - \omega \frac{dc_p}{d\omega} \right]^{-1} \tag{2.5}$$

由图 2.2 可以看出，兰姆波的群速度和相速度均为频厚积的函数，其数值随着频率和厚度的变化而变化，这种现象即为导波的频散特征，而频散会对导波接收信号的解释带来负面影响。

在实际检测中，需要产生单频的激励信号，以减少频散带来的影响。然而，脉冲信号通常是一个短时的激励，即在时域有截断，频谱会占有一定的带宽。不同频率成分的导波向前传播时，由于频散的原因，其传播速度并不一致，致使接收到的导波信号波包在时域上会产生拓宽的效果，超过激励信号的时间宽度。

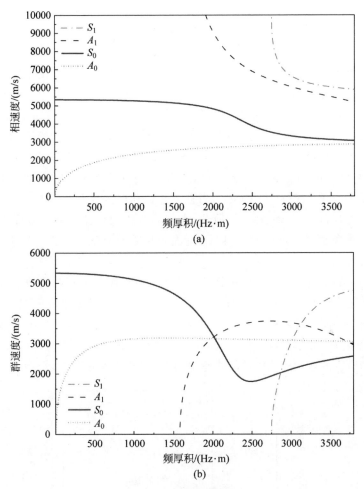

图 2.2 兰姆波频散曲线

(a) 相速度；(b) 群速度

同时，不同的换能器对兰姆波模态具有不同的激励性和探测性。常用的方法主要有压电超声法和电磁超声法。对于电磁超声换能器，它具有非接触的优点，可以在高温等特殊环境下使用。电磁超声换能器可以等效看作是具有特定频率响应的传递函数。有研究人员对全向磁致伸缩换能器的波形产生机制进行了模拟，发现兰姆波的波长与磁致伸缩贴片的尺寸有关[117]。另外，产生的兰姆波模态也可以通过调整磁场来进行优化和控制。

衰减特性是另一个因素,不同频率的兰姆波在不同材料的被检测结构中面临不同的衰减情况[118]。材料的衰减效应会损耗兰姆波的能量,从而减小其传播距离和能够检测的范围。

在管道结构中,导波可以沿螺旋路径向前传播。如果管道的直径远远大于壁厚以及导波波长,那么可将管道展开当作平板处理[106,119,120]。文献[106]指出,当管道厚度小于管道半径时(5%~10%),管道曲率对导波速度的影响可以忽略,从而管道结构可以近似为平板。文献[120]比较了管道导波和平板导波,指出在高频区域,管道中的导波可以当作兰姆波近似处理,而高低频的划分受到管道尺寸的影响。当管道直径和厚度比为 4 时,频厚积需要大于 0.6 MHz·mm;当管道直径和厚度比为 16 时,频厚积需要大于 0.2 MHz·mm;在石化行业,大多数管线的直径和厚度比超过了 16,导波检测频率也经常大于 50 kHz,完全可以将管道导波作为平板中的导波进行处理。

目前的研究人员大多将螺旋兰姆波当作等厚度的平板兰姆波进行处理。如管道结构展开为平板结构的示意图(图 2.3)所示,其中平板的宽度为管道的周长。导波的速度是进行缺陷量化的重要参数,其通常作为输入参数,以确定缺陷位置和进行进一步的缺陷成像。因此,螺旋兰姆波的速度可以近似为相同厚度的板中的兰姆波的波速,可通过兰姆波的频散曲线获得。

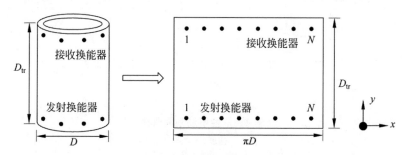

图 2.3　管道展开形成的平板结构

2.2.2　螺旋兰姆波换能器设计

为了实现对管道长距离的导波检测,并且希望尽可能多地获取到检测区域的健康状态信息,导波的螺旋形传播方式提供了一种有效手段。该导波的传播示意如图 2.4 所示,可以看出,螺旋导波不仅沿平行于轴向的方向传播,并且还与轴向形成夹角向前传播。

第 2 章 管道螺旋兰姆波电磁超声换能器研究

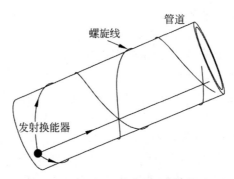

图 2.4 螺旋导波沿管道传播示意图

本书设计的适用于管道弯曲表面结构的螺旋导波电磁超声换能器产生的声束具有集中特性,并在一定角度内发散,形成沿管道螺旋线传播的导波。该换能器主要基于洛伦兹力机制,以利用电磁超声换能器非接触激发的优势,同时减少其中线圈的回折数,其具体结构如图 2.5 所示。

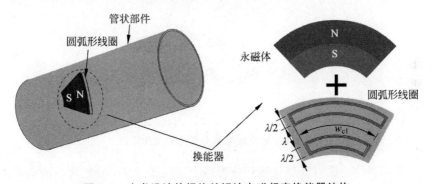

图 2.5 本书设计的螺旋兰姆波电磁超声换能器结构

该换能器包含三个部分:圆弧形线圈、扇形永磁体和被检管道。线圈位于管道与磁体之间,由柔性印刷电路板(printed circuit board,PCB)制作,因此可以紧密地贴合管道外壁,适应管道的曲面结构;且相比于常用的曲折线圈,该线圈回折数较少,可使得其更容易发生弯曲变形。另外,连接线圈长边的线圈端部数较少,可尽量少地激发杂波,从而帮助降低杂波的干扰。线圈中流经动态高频电流,从而在金属性管道中感应出涡流。永磁体由两块磁体反向排列组成,呈现扇形结构,并且在制作时使其具有一定的弧度,以适应管道外壁形状。该永磁体置于圆弧形线圈的上方,作用是产生静态偏置磁场。管道中感应的涡流进一步受到偏置磁场作用,会产生洛伦兹力。由于线圈中电流是交变的,从而涡流是交变的,因此洛伦兹力的方向随着时间变化而变化。受到洛伦兹力影响的物体进一步形成振动,而这个振动的波逐渐向远方传播,形成稳定的螺旋兰姆波。

螺旋兰姆波具有多种模态,极易形成信号干扰,因此需要加以控制,以尽可能形成纯净的导波,这有利于对导波所蕴含的缺陷信息进行提取。为了增强导波中需要的模态并抑制不需要的模态,线圈需要经过参数设计。具体地,圆弧形线圈内部的距离应与波长匹配,从而利用波的叠加原理增强相应模态导波的信号,抑制其他模态的信号,实现模态控制的目的。待激发的相应模态导波的波长记为 λ,线圈中心部分的弧长称为"中心宽度",并表示为 w_{c1}。为了更好地分析导波的叠加,绘制了图 2.6,将管道结构扩展为平板,并建立坐标系,以清楚地指示距离关系。

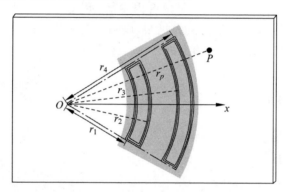

图 2.6　建立坐标系分析线圈工作原理

换能器的线圈可以等效地划分为四个导线簇。每个导线簇均为扇形结构,具有相同的圆心 O。导线簇的半径分别记为 r_1、r_2、r_3 和 r_4。对管道表面的任意一点 P,其距离圆心的长度记为 r_p。当波从导线簇到达 P 点时,该点的波动为四个导线簇带来的振动的叠加。每个导线簇带来的振动的相位可以表达为

$$\varphi_i = \frac{2\pi(r_p - r_i)}{\lambda} - \omega t + \phi_i, \quad i = 1, 2, 3, 4 \qquad (2.6)$$

其中,ϕ_i 为初始相位。在空间上,导线簇中电流流向的不同会带来初始相位的不同,如果两个导线簇的电流方向相反,则其初始相位差为 π。为了达到幅度增强的效果,P 点处的相位应该满足:

$$\Delta\varphi = \varphi_i - \varphi_j = 2n\pi, \quad i \neq j, n = 0, 1, 2, \cdots \qquad (2.7)$$

其中,$\Delta\varphi$ 为每两个导线簇带来的相位差;n 为非负整数。如此,则每两个

导线簇在 P 点产生的波动将会重叠(波峰对应波峰,波谷对应波谷),从而可以正向叠加,增强导波的能量。根据此原则,可以确定导线簇之间的距离,应均为半波长的奇数倍或偶数倍。考虑永磁体的磁极极性以及导线簇的空间位置,图 2.5 中已经展示了各个导线簇间距的尺寸,具体地,四个导线簇之间形成的三个间距的大小分别为 $\lambda/2$、λ 和 $\lambda/2$。因此,换能器是与导波波长相关的,当需要激发另一种模态的导波时,需要重新根据波长设计线圈。

2.3 管道螺旋兰姆波洛伦兹力理论模型

导波的激发涉及多个物理场,包括来自磁体的静态磁场、来自脉冲电流的动态磁场以及声场。在换能器中,线圈中流经高功率脉冲信号。该信号的本质为短时加窗正弦信号,表达式为

$$P(t) = w(t) \cdot \sin(2\pi f_c t) \tag{2.8}$$

其中,f_c 为中心频率;$w(t)$ 为窗函数。本书使用汉明窗(Hamming function)作为窗函数,其表达式为

$$w(t) = 0.54 - 0.46 \cdot \cos\left(2\pi \cdot \frac{t}{T}\right) \tag{2.9}$$

其中,T 为脉冲的总时间宽度。对于中心频率为 130 kHz、周期数为 5 的脉冲信号,其时域波形和频谱分别如图 2.7(a)、(b)所示。

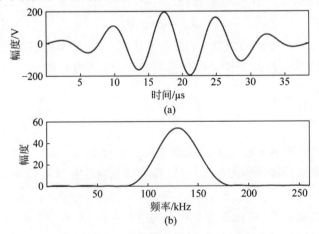

图 2.7 脉冲信号的时域波形和频谱分布

(a) 时域波形;(b) 频谱分布

根据法拉第电磁感应定律,由脉冲电流产生的动态磁场会在被检测材料中感应出涡流。具体地,激励脉冲产生的磁矢量位表示如下：

$$\frac{1}{\mu}\nabla^2 \boldsymbol{A} - \sigma \frac{\partial \boldsymbol{A}}{\partial t} = -\boldsymbol{J}_s \tag{2.10}$$

其中,$\boldsymbol{A}$ 为磁矢量位;μ 为磁导率;σ 为电导率;$\boldsymbol{J}_s$ 为源电流密度。

在管道趋肤深度内,脉冲电流将感应出涡流,其表达式为

$$\boldsymbol{J}_e = -\sigma \frac{\partial \boldsymbol{A}}{\partial t} \tag{2.11}$$

其中,$\boldsymbol{J}_e$ 为涡流密度。由于偏置磁场的作用,涡流受到洛伦兹力的作用,其大小取决于磁场强度和涡流密度：

$$\boldsymbol{F}_L = \boldsymbol{B}_0 \times \boldsymbol{J}_e = (\boldsymbol{B}_d + \boldsymbol{B}_s) \times \boldsymbol{J}_e \tag{2.12}$$

其中,$\boldsymbol{B}_0$ 为总磁感应强度;$\boldsymbol{B}_d$ 为动态磁感应强度;$\boldsymbol{B}_s$ 为偏置磁场的磁感应强度。

受到洛伦兹力后,材料将会发生微小形变。假设材料为各向同性,则运动方程表示为

$$\nabla^2 \boldsymbol{u} + (\chi + \kappa)\nabla\nabla \cdot \boldsymbol{u} + \boldsymbol{F}_L = \rho \frac{\partial^2 \boldsymbol{u}}{\partial^2 t^2} \tag{2.13}$$

其中,$\boldsymbol{u}$ 为位移矢量;χ 和 κ 为拉梅常数;ρ 为材料密度。

粒子产生的位移沿结构向前传播并形成稳定的导波。在接收换能器下方,粒子的振动会产生动态电流：

$$\boldsymbol{J}_v = \sigma v \times \boldsymbol{B}_1 \tag{2.14}$$

其中,$\boldsymbol{J}_v$ 是动态电流的密度;v 是粒子速度;$\boldsymbol{B}_1$ 是来自接收换能器中磁体的静态磁场。根据法拉第电磁感应定律,线圈将根据动态电流产生电动势：

$$V = \int_l \boldsymbol{E} \cdot \mathrm{d}l = \int_l -\frac{\partial \boldsymbol{A}}{\partial t} \cdot \mathrm{d}l \tag{2.15}$$

其中,l 是线圈长度;$\boldsymbol{E}$ 是根据动态电流产生的电场。进一步地,通过分析从接收换能器采样得到的电压信号,提取信息后将获得被检测对象的健康状态。

需要说明的是,洛伦兹力是在金属中产生的,在本书中即为金属管道。如果被检测物件是非金属材料制作的,则无法利用洛伦兹力机理产生导波,但可以通过换能器先在金属材料中产生振动,再耦合到被测非金属材料中。

另外,在铁磁性管道中,在磁场作用下也会发生磁致伸缩效应,其在使用粘贴镍带的磁致伸缩换能器中表现较为明显。本章论及的换能器主要利用线圈结构以感应涡流的方式激发导波,因此本书仅使用洛伦兹力进行建模并进行验证。

2.4 螺旋兰姆波换能器性能仿真验证

由于导波的转换过程涉及多个物理场,因此采用商业有限元软件 COMSOL Multiphysics 对螺旋兰姆波电磁超声换能器进行仿真。使用电磁模块(AC/DC module)和结构力学模块(structural mechanics module)用于模型构建,其中电磁模块用于仿真偏置磁场和动态磁场,结构力学模块用于模拟由洛伦兹力引起的应力、应变和位移等情况。

在有限元仿真中构建管道和换能器的几何模型,并添加空气以形成闭合的磁路。将洛伦兹力方程输入模型,通过计算获得管道中的导波位移分布。具体地,洛伦兹力在三维方向上的分量表示为

$$\begin{cases} F_x = J_{ey} \times B_z - J_{ez} \times B_y \\ F_y = J_{ez} \times B_x - J_{ex} \times B_z \\ F_z = J_{ex} \times B_y - J_{ey} \times B_x \end{cases} \quad (2.16)$$

其中,x、y 和 z 分别为空间的三个方向。在力场中,管道两端的端面被设置为低反射边界,以减少端面反射波对接收信号的影响。

为了保证仿真计算结果的准确性,同时减小计算量,对有限元仿真中网格尺寸的确定遵循以下原则:

$$\Delta x \leqslant \frac{\lambda}{10} \quad (2.17)$$

其中,Δx 是网格尺寸。由于要观察螺旋兰姆波随时间传播的情况,故采用瞬态分析,仿真时间步长满足关系:

$$\Delta t \leqslant \frac{\Delta x}{c_L} \quad (2.18)$$

其中,Δt 是时间步长;c_L 是纵波速度。

为了模拟实际的管道,获得了相应材料的参数,具体提供在表2.1中。管道的厚度为 6 mm,远小于其直径 273 mm。因此,管道可以近似地被视为平板。

表 2.1 管道的结构和材料参数

参　　数	符　　号	值
管道外径	D	273 mm
管道壁厚	h	6 mm
泊松比	ν	0.28
杨氏模量	E	205 GPa
密度	ρ	7850 kg/m³
相对磁导率	μ_{rp}	150
相对电导率	σ	4.032×10⁶ S/m
相对介电常数	ε_r	1

永磁体和激励脉冲的参数在表 2.2 中给出。在管道厚度为 6 mm，脉冲信号中心频率为 130 kHz 条件下，通过求解板中兰姆波的频散曲线，可求得相应螺旋兰姆波的相速度为 5224.9 m/s。进一步地，根据波速、波长与频率之间的关系，如式(2.19)所示，求得所激发的螺旋兰姆波的波长为 0.040 m。随后，根据线圈的设计原则，可以对线圈的尺寸进行建模。

$$\lambda = \frac{c_p}{f_c} \tag{2.19}$$

表 2.2 激励脉冲和磁场参数

参　　数	符　　号	值
激励脉冲周期	N	5
激励脉冲频率	f_c	130 kHz
激励脉冲电压	A	200 V
磁体剩余磁感应强度	B_r	0.3 T
磁体相对磁导率	μ_{rm}	1

设置完物理条件后，运行仿真计算程序以获得结果。首先，观察换能器中的磁场。永磁体产生的静态偏置磁场如图 2.8 所示。可以看出，管道中的静态磁场主要分布在磁体的下方区域，与磁体的结构保持一致，呈现扇形，且在该区域内磁场分布较为集中，两块磁体在管道中产生的磁场方向相反，且磁场磁感应强度绝对值的最大值在 0.2 T 左右。

对于线圈中脉冲电流产生的动态磁场，选取某一个时刻进行观察(如 1.76 μs)，仿真所得结果展示在图 2.9 中。可以发现，动态磁场的分布呈现

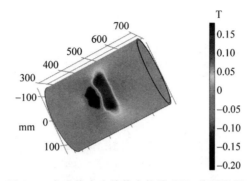

图 2.8　永磁体产生的静态偏置磁场(前附彩图)

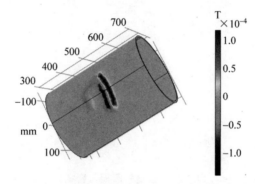

图 2.9　1.76 μs 时线圈中激励脉冲产生的动态磁场(前附彩图)

与线圈结构相似的形状;相比于偏置磁场,动态磁场的磁感应强度整体较弱,且主要集中于线圈下方的区域,其正负值与电流流向相吻合。由于线圈中的电流是交变的,磁场方向也将发生变化,接下来的洛伦兹力分析将体现这一点。

进一步地,分析换能器在管道中产生的洛伦兹力。涡流在偏置磁场的作用下将受到洛伦兹力的影响。在瞬态分析中,选取了两个时间节点 9.5 μs 和 13.5 μs 进行观察,仿真计算结果分别如图 2.10(a) 和 (b) 所示。由图 2.10 可知,在两个时间节点,洛伦兹力的方向不同,这与激励脉冲在时间上的变化是一致的。因此,洛伦兹力是交变的,而这会引起粒子的振动。随后,振动会沿着管道传播,带动其余粒子的运动形成波动,由于管道边界的作用,最终会产生稳定传播的导波。

为了更好地理解导波的传播特性并帮助分析缺陷位置,可以用不同的圆周角度描述管道的圆周方向,在图 2.11 中,选取沿管道的径向截面,定义

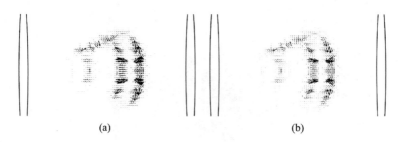

图 2.10 不同时刻的洛伦兹力

(a) 9.5 μs 时刻；(b) 13.5 μs 时刻

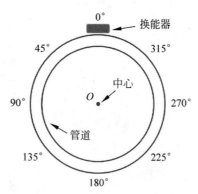

图 2.11 管道的圆周角度定义

并说明圆周角度的分布。具体地，换能器所在位置的圆周角度被定义为 0°（360°），管道整个圆周范围的角度总共为 360°。

进一步地，定义导波位移或其他任意特征的圆周角度分布图。对于位移圆周角度分布图，其具体为：提取管道不同圆周角度处的波形图，获取每一角度处的波形峰-峰值，并对得到的所有峰-峰值做归一化处理，按圆周角度进行排列并绘图，从而得到波形幅度的角度辐射模式。

选择管道三个轴向位置以观察导波的传播，以及扩散形成螺旋兰姆波的过程，求得的位移圆周角度分布如图 2.12 所示。结果表明，随着导波向前传播，声束变得发散，但主要能量仍然集中在一定角度范围内，达到了所设计的预期目标。可以看到，导波不仅可以沿轴向传播，而且可以沿管道的螺旋线方向传播。根据声场分布可以得出，该换能器可以产生具有集中声束的螺旋兰姆波，而这有利于增强检测区域的声场能量。

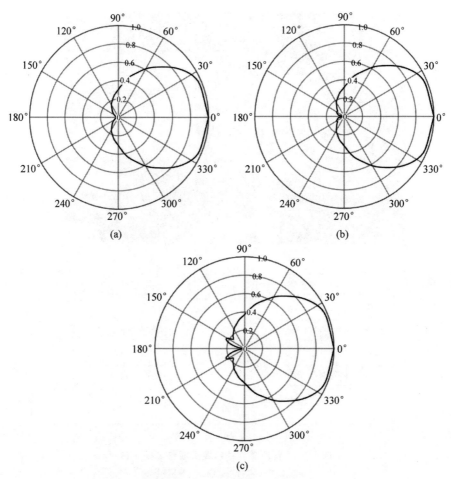

图 2.12 管道轴向三个距离处的位移圆周角度分布图
(a) 200 mm 处；(b) 250 mm 处；(c) 300 mm 处

2.5 螺旋兰姆波换能器试验验证和比较分析

2.5.1 平台搭建和试验验证

为了验证所设计换能器的性能,搭建了管道螺旋兰姆波检测平台,其实物图和原理框图如图 2.13 所示。其中,换能器是根据波长匹配原则而计算并设计的,与仿真中所用参数保持一致。发射换能器固定在管道的左侧,接收换能器在另一端。管道的厚度为 6 mm,外径为 273 mm。激励脉冲由任

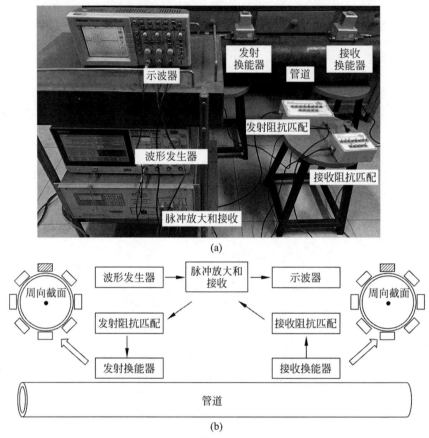

图 2.13　管道螺旋兰姆波换能器试验平台
(a) 平台实物图；(b) 原理框图

意波形发生器产生，然后经功率放大器(RITEC RPR-4000)放大形成功率信号。阻抗匹配盒连接在功率放大器与发射换能器之间，其主要组件为电容元件，以提高换能器的激励效率。接收换能器连接于拥有宽带接收器的 RITEC RPR-4000 的输入端口。试验中，脉冲参数与仿真中设置的参数相同。对于接收到的导波信号，可以在示波器中观察该波形，也可以将其数据传输到计算机，以做进一步的分析。需要说明的是，也可以额外增加对接收信号的滤波和放大，以达到更好的效果。例如利用芯片 LT1568 等搭建模拟带通滤波器，在前端对接收信号进行窄带滤波。

在换能器性能验证试验中，发射换能器保持在同一个位置，而接收换能器在管道外部沿周向和轴向移动，以在不同的圆周位置和轴向位置接收激发的螺旋兰姆波。具体地,选择平均分布于管道周向的 8 个圆周角度接收导波,这些角度在周向的分布间距为 45°。通过改变接收换能器的位置,可以获得螺旋兰姆波在管道内的分布情况,从而进一步研究其声场特性。随后,也将试验结果与有限元仿真结果进行比较和分析。通常,电磁超声换能器的激发效率较低;同时,为了减少噪声干扰,在每一个位置获取螺旋兰姆波时,均做多次测量并取平均值以得到最终的波形。

图 2.14 给出了距离发射换能器轴向位置为 300 mm 处的三个不同圆周角度位置的时域波形,三个角度分别为:0°、45°和 315°。图 2.14 中,横轴的初始时刻对应为导波激发的时间,可以看出,螺旋兰姆波最早出现在 0°处,由圆周角度定义可知,导波以沿轴向的直线路径传播到此接收位置。45°和 315°处的螺旋兰姆波的到达时间几乎相同,均晚于圆周角度 0°接收到导波的时间。在上述三个角度处均可以检测到导波信号,表明所激发的导波分布在多个角度,即该换能器产生的螺旋兰姆波发生了扩散,使得其分布在一定的角度范围,可以沿管道螺旋线方向进行传播。

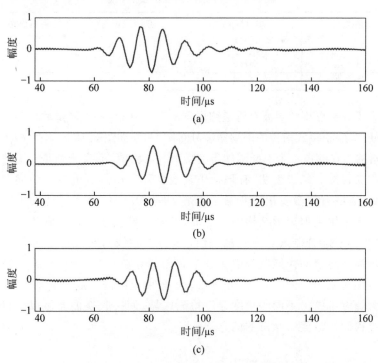

图 2.14　三个不同圆周角度处的位移波形

(a) 0°；(b) 45°；(c) 315°

由于波速是确定缺陷位置和进一步成像的重要参数,需要计算试验中螺旋兰姆波的波速,以验证其与理论值是否一致。试验中的波速是通过传播距离除以走时获得的,其中导波的走时被定义为激发时间与到达时间之间的时间差。在所选的三个圆周角度位置,分别计算得到了走时数据,并由此计算波速,相应的结果如表 2.3 所示。该表格中,计算相对误差所用的公式为

$$R_v = \frac{|V_{ac} - V_{th}|}{V_{th}} \quad (2.20)$$

其中,R_v 为相对误差;V_{th} 为相同厚度板中兰姆波的理论速度;V_{ac} 为试验中计算得到的波速。根据表 2.3 的结果,波速的相对误差均小于 0.5%。因此,螺旋兰姆波的传播速度与对应厚度平板中的兰姆波的传播速度相近,这就意味着的确可以将管道中的螺旋兰姆波当作平板中的螺旋兰姆处理。

表 2.3　三个圆周角度位置的波速

圆周角度/(°)	走时/μs	波速/(m/s)	相对误差/%
0	57.3	5235.6	0.20
45	61.2	5212.4	0.24
315	61.3	5203.9	0.40

为了分析螺旋兰姆波在管道圆周方向上的分布,将导波试验信号经过归一化处理,绘制接收信号的圆周角度分布图,结果如图 2.15 所示。图中,符号"*"指的是在管道八个不同圆周角度得到的试验值,而实线则是在上述仿真验证中获得的。结果表明,有限元仿真与实际测试得到的圆周角度分布较为一致,表明有效激发出了螺旋兰姆波,即所设计的换能器达到了预期目标。由于采用类似扇形结构的换能器,激发的导波集中在沿管道轴向的主声束中,同时部分能量存在扩散,且以 0°为中心线对称发散进而沿管道螺旋线传播。与全向换能器分散在各个方向的导波相比,所设计换能器产生的导波相对集中。同时,导波分布在一定角度范围内形成螺旋兰姆波,这样螺旋兰姆波可以沿不同的角度穿过检测区域,使接收换能器可以获得更丰富的被检测管道健康状态的信息。

2.5.2　与传统换能器的比较

进一步地,为了验证所设计换能器的优越性,研究工作中使其与传统的

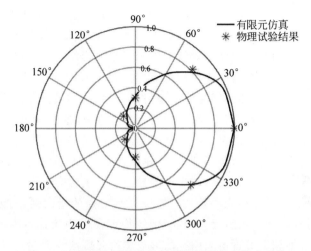

图 2.15　仿真和试验中信号幅度圆周角度分布对比

导波换能器进行了比较。常用的换能器由永磁体、曲折线圈和被检测物体组成。曲折线圈的结构如图 2.16 所示,曲折线圈的宽度记为 w_{c2}。相邻两个长导线中流经的电流方向相反,其在远方产生的导波相位差为 π/2。线圈内部的间距与波长匹配,具体地,相邻两长导线之间的空间距离为 λ/2。根据相位叠加原理,物体中某一点的导波相位将为 2π 或其整数倍,从而利用信号叠加提高信噪比。永磁体与线圈形状保持相同即可,其放在线圈上方提供洛伦兹力原理所需的静态偏置磁场。

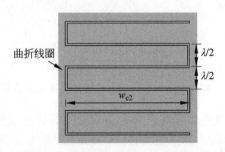

图 2.16　常用的电磁超声换能器中所采用的曲折线圈结构

值得注意的是,所设计换能器与传统换能器中的线圈尺寸均与导波的波长有关。因此,对不同的导波频率和不同口径的管道结构,需要制作满足相应匹配原则的线圈和适应该管道的永磁体。电磁超声换能器的制造成本主要集中于 PCB 的制造和永磁体的加工,而本书工作中所设计的换能器与传统换能器之间的成本差异主要在于对磁体的加工。由于所提出的换能器中永磁体结构略为复杂,需要将两块永磁体拼合,类似于永磁体阵列中仅使用两个永磁体,而且永磁体的形状需要加工成扇形结构并制造一定弧度,以适应管道外壁的形状,因此它比传统换能器的成本要高。

使用传统的换能器开展导波试验,将同样的脉冲激励流入曲折线圈,在管道中激发螺旋兰姆波,并在轴向位置距离激发换能器 300 mm 处接收导波,接收换能器同样采用传统的换能器。激发换能器位于管道圆周位置 0°处,获得的圆周角度分布如图 2.17 所示。可以看出,激发的螺旋兰姆波声束主要集中在换能器正前方,即更多的导波沿管道轴向传播。该结果表明,包含曲折线圈的传统换能器激发的导波具有更强的指向性,与该结构产生的导波声场理论特性相吻合。因此,传统换能器的声束比本书所提出的换能器的要窄,不利于沿管道周向扩散形成螺旋兰姆波。

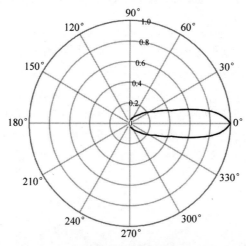

图 2.17　使用传统换能器获得的圆周角度分布图

进一步地,分别测试这两种换能器所激发螺旋兰姆波的传播距离。接收换能器放置在距离激发换能器较远的轴向距离处,以评估导波的传播能力。随着传播距离的增加,可以检测到接收导波的信噪比出现明显的降低。在相同的激励信号下,本书所设计换能器和传统换能器的最大检测距离分别为 6.7 m 和 9.5 m。可以看出,传统的换能器由于具有相对集中的声束,在传输距离上具有一定优势。如果需要增大传播距离,可以适当提高激励信号的能量。

为了量化分析换能器产生螺旋兰姆波的能力,进一步研究导波声束的分布特性,有研究学者在用于平板缺陷检测的超声换能器设计中提出了半发散角的概念,以帮助设计检测整个平板结构时换能器需要旋转的角度[121]。该半发散角的示意如图 2.18 所示。将这一概念扩展到管道缺陷检测用螺旋兰姆波换能器,其定义如下:

$$\tan\theta = \frac{l_h}{d_p} \quad (2.21)$$

其中,θ 为半发散角;l_h 为声束集中区域对应的周向长度的一半;d_p 为测量位置距离激发换能器的轴向距离。

式(2.21)表明,当导波声束在管道周向具有更大的扩展时,即 l_h 值越大,半发散角越大。因此,为了获取螺旋兰姆波,需要导波沿管道周向分布有一定的能量,即设计换能器时,应使其具有较大的半发散角。接下来将用半发散角来分析本书所设计换能器与传统换能器的性能,以进行定量的比较。

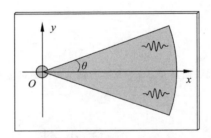

图 2.18　衡量换能器性能的声束半发散角示意图

在换能器中,线圈的宽度对产生的导波声场分布具有重要影响。因此,线圈的宽度是设计时需要重点考虑的参数。为了对两种换能器进行有效的比较,将其线圈的宽度参数设置为相同数值,并测量激发导波声场的半发散角。具体地,本书所设计换能器中的扇形线圈的中心宽度 w_{c1} 和传统换能器曲折线圈的宽度 w_{c2} 保持一致。总共选取五个不同的宽度值,分别开展相应试验工作,以验证两个换能器激发螺旋兰姆波的性能。永磁体的尺寸将随着线圈的变化而变化。为了消除其他因素的干扰,试验中激励脉冲等保持为相同的参数。

计算出的半发散角如图 2.19 所示。结果表明,随着线圈宽度的增加,两种换能器的半发散角均呈现增大的趋势。可以看出,线圈宽度对声束轮廓有较大的影响。在五种不同线圈宽度尺寸下,本书所提出的换能器比传统换能器均具有更大的半发散角。此外可以发现,半发散角与线圈宽度之间的关系并不是严格线性的。对传统换能器,随着线圈宽度的增加,半发散角的增长速度有所加快,曲线的斜率增加;而对本书设计的换能器,半发散角曲线的增长趋势则相反。然而,这两种换能器之间的半发散角差距仍然很大,本书所设计换能器的半发散角远大于传统换能器的半发散角,因此其具有明显优势。如此,通过比较和分析不难得到结论:本书所设计的换能器更适合在被检管道中产生沿多个螺旋角度传播的导波。

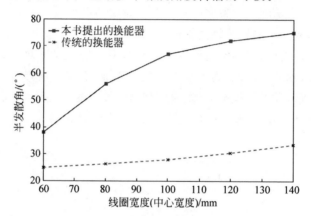

图 2.19　不同线圈尺寸下本书所提换能器与传统换能器的半发散角

2.6　本章小结

本章提出了一种适用于管道结构的新颖螺旋兰姆波换能器设计方案。该换能器由永磁体和圆弧形线圈组成,其中圆弧形线圈的结构参数经过精心设计,以匹配波长并增强导波信号的强度。结合本章设计的换能器结构,利用洛伦兹力机理建立了理论模型,并利用相位叠加原理解释了导波叠加可带来信号增强。为了验证换能器的性能,使用有限元软件实现对电磁场和力场的仿真,并观察导波随时间的传播情况。为了描述激发螺旋兰姆波的声场特性,定义了圆周角度分布图,分析了信号在管道周向的分布情况。所得到的不同传播距离的位移圆周角度分布图表明,所产生的导波主要分布在一定角度范围内。

进一步搭建了管道螺旋兰姆波检测试验平台,针对所设计的换能器开展试验验证。具体地,在管道八个圆周角度处获取接收波形,结果表明,该换能器能成功地激发出螺旋兰姆波。该导波不仅沿管道轴向向前传播,同时在周向发生扩散,形成沿多螺旋角度传播的导波。另外,对导波波速的验证表明,将螺旋兰姆波当作平板兰姆波进行处理是合理可行的。利用试验中接收到的波形绘制圆周角度分布图发现,其与有限元仿真结果较为吻合。为了衡量换能器产生螺旋兰姆波的能力,定义了半发散角以进行定量评估,半发散角越大,则表明更易激发螺旋兰姆波。同时,与采用曲折线圈的传统换能器进行了比较,并在不同的线圈宽度下测试半发散角。结果表明,本书所设计的换能器具有更大的半发散角;同时还注意到,换能器不同的中心宽度会导致结果的差异很大,因此在设计换能器时应予以重点考虑。

  需要说明的是,由于所提出的换能器具有扇形形状,且需要适应管道的弯曲结构,因此在制作上相比于传统换能器会有更高的成本。除此之外,电磁超声的换能机理本征地具有效率较低的特点,故需要在未来的研究工作中考虑线圈、磁体的优化。本书后续章节中,将聚焦于导波的信号处理以及缺陷成像算法的研究。

第3章 超声导波重叠信号分离和特征提取

3.1 本章引论

第2章研究了在管道中产生螺旋兰姆波的电磁超声换能器,其结构设计主要为满足管道外壁曲面形状的要求。研究结果表明,该换能器不仅能够激发沿轴向传播的导波,而且可以产生沿管道螺旋向前传播的导波,且导波声束主要集中在一定的角度中。有效激发螺旋兰姆波,是对其进行利用的前提;而进一步地,还需要研究针对螺旋兰姆波的信号处理方法和成像模型。

相比于体波而言,导波呈现出更加复杂的特性。兰姆波自身具有多模态和频散的特征,这对接收信号的分析和解释带来了挑战。在实际检测中,由于施加激励的时间有限,信号通常占据一定的带宽,对激励脉冲加窗后,可以降低频谱泄漏,产生的导波信号的带宽也较窄,但依然很难产生纯净的单频信号。由于频散的原因,波包随着传播时间的增加而具有更长的时域宽度;且传播距离越远,频散带来的波包扩张就越明显。当波包加长时,可能导致接收信号的重叠,这会降低检测的分辨率,并对信号的解释带来负面影响。当管道中多个缺陷之间的距离较近时,反映不同缺陷的信号之间会产生干扰,在接收信号中难以区分其不同的特征,从而可能导致误将多个缺陷辨识为一个缺陷。由于导波与缺陷和物体边界发生相互作用会产生模态转换现象,而且不仅是兰姆波对称模态与反对称模态之间的转换,还可能会发生兰姆波与SH波之间的转换,这样就会使得信号波形更加紊乱,难以获取有效信息。

在对缺陷进行定位和成像时,导波接收信号的不同特征(如走时、幅度、相位等)可以作为模型的输入参数。在反射模式中,根据导波波速和走时信息,可以确定缺陷的距离。然而,导波信号是典型的非平稳信号,其时域波形的起始点难以准确获得,再加上噪声的影响,会对时间的提取带来误差。

在透射或散射模式下,可以提取导波与缺陷相互作用的信号特征,对检测区域进行成像。导波成像是一个由提取特征反推出结构属性的逆问题,而成像模型通常使用迭代的方式,对输入特征具有较高的灵敏度。如果输入参数发生小的变化,输出成像结果可能会有较大的误差。就提取幅度而言,常用的一种方案是提取信号的包络并识别峰值点。然而,导波的频散会使得信号在时域展宽;除此之外,重叠的波包和较低的信噪比均会对提取包络的峰值带来负面影响。因此,如何对导波信号开展有效的后处理,完成对特征的提取,一直是导波检测的难点和重点。

针对上述问题,本章着重研究重叠导波信号的分离问题和特征提取方法,试提出一种针对窄带多模态兰姆波信号的多项式 Chirplet 变换,以进行波包的分离,并实现对信号走时和幅度的提取。首先,设计多项式 Chirplet 基函数,并建立多项式 Chirplet 变换,将重叠的导波信号分离为单个模态。其次,从单个模态提取走时和幅度信息。然后,通过仿真分析和试验研究,对所提出方法的性能进行评价。最后,还将所提出的算法与目前常用方法进行比较,以证明所提出方法的优越性。

3.2 重叠信号分离识别和特征提取

3.2.1 导波的频散和多模特性

与超声体波相比,兰姆波具有更加复杂的特性。体波分为横波和纵波,其速度主要受材料性质的影响。对于兰姆波而言,激励的频率和物体的厚度参数也会对产生的兰姆波的模态以及速度有影响,这一点在第 2 章的基础理论部分已经有所说明。

通过求解瑞利-兰姆方程,可以得到频散曲线。由该曲线可知,在同一激励频率下至少存在两种模态,一种为对称模态,另一种为反对称模态。随着频厚积的增加,将会产生更多的模态,它们具有不同的波结构,可以同时在物体中传播。需要说明的是,高阶模态导波(S_n 和 A_n,其中 $n>1$)的最低频率称为"截止频率"。在本章的研究中,只考虑 S_0 和 A_0 模态,以避免更高模态的干扰。为此,在板厚为 4 mm 的情况下,选择 150 kHz 的激发频率,其低于 S_1 和 A_1 模态的截止频率。通过计算可以求得,这两种模态的波长分别为 35.6 mm 和 13.3 mm。

激励信号的频率通常具有一定的带宽,频散会导致时域波包的时域扩展。由于更长的时域宽度,直达波和反射波的波包容易重叠,对分析和解释接收到的导波信号带来了挑战。

为了观察频散对波包带来的影响,进行了仿真计算分析,激励了 A_0 模态导波,并在距离发射位置 2500 mm 处设置了一处人工缺陷。在距离发射换能器 500 mm 检测点获取到的波形如图 3.1 所示。根据波形到达的时间和波速信息可以判断出波包 P_1 为直达 A_0 模态,P_2 为遇到缺陷并发生模态转换反射回来的 S_0 模态,P_3 为遇到缺陷反射回来的 A_0 模态。其中,波包 P_1 传播了 500 mm,波包 P_3 传播了 4500 mm。比较 P_1 与 P_3 可以看出,虽然同为 A_0 模态,但是两个波包不仅幅度不同,而且时间宽度也不相同。由频散特性可知,波包传播时,不同频率分量的波速不同,在传播一定距离后,在时域上其波包会具有增加的时域持续时间,如波包 P_3 所示。

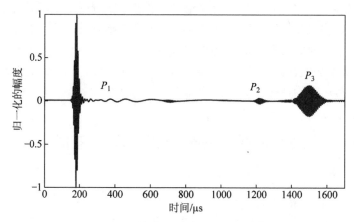

图 3.1 传播不同距离的导波波包

另外,从上述结果中还发现,虽然是以 A_0 模态施加的激励,但接收到的波形中出现了 S_0 模态。这是因为当兰姆波在遇到缺陷并与之发生相互作用后,发生了模态转换,因此会出现多种模态共存的情况。例如,在对称 S 模态与不规则缺陷相互作用后,通过模态转换可以生成反对称 A 模态。在反射波中,S 模态和 A 模态都将被检测到[122]。因此,在应用兰姆波时,多模态特性可能会带来严重的干扰。

3.2.2 多项式 Chirplet 变换

若不进行模态控制,当激发兰姆波后,对称 S 和反对称 A 模态共存于待检测结构中,再加上边界和缺陷的信号,接收到的信号在时域可能会发生重叠,从而使各个模态难以分离和辨识。但是,由频散曲线可以得知,不同的模态随着波的传播,将会在时频域中呈现独有的特征,对这种特征加以利用可实现对重叠波包的分离。

多项式高斯调频脉冲具有可供"定制"的时频特性,可用于表示不同模态不同传播距离的兰姆波信号。由于该脉冲包含足够的特征,可以分析兰姆波信号,因此被设计为所提出的多项式 Chirplet 变换的基函数,具体过程阐述如下。

传统的 Chirplet 变换是对高斯函数进行时频域调制,以得到基函数。其中,单元高斯函数的表达式为

$$g(t) = \frac{1}{\sqrt[4]{\pi}} e^{-\frac{t^2}{2}} \tag{3.1}$$

对高斯基函数的调制主要包括四种不同的运算:伸缩(sscaling)、时移(time shift)、频移(frequency shift)和调频(chirpling),这四种运算的表达式概括在表 3.1 中。伸缩为一种尺度变换;时移为在时域的移动;频移为在频域的移动;而调频则指的是线性地调整频率,以使得频率随着时间发生线性变化。

表 3.1 对高斯基函数的调制

操作	符号	表达式
伸缩	s	$\frac{1}{\sqrt{s}} g\left(\frac{t}{s}\right)$
时移	t_0	$g(t-t_0)$
频移	w_0	$g(t) e^{jw_0 t}$
调频	c	$g(t) e^{jct^2}$

可以看出,与短时傅里叶变换和小波变换相比,上述变换增加了对基函数进行调频的操作。表 3.1 中的四种调制综合起来,用数学公式可以表示为

$$g_{s,t_0,\omega_0,c} = \frac{1}{\sqrt[4]{\pi s^2}} e^{-\frac{(t-t_0)^2}{2s^2}} \cdot e^{j\omega_0(t-t_0)} \cdot e^{jc(t-t_0)^2} \tag{3.2}$$

在时频域,四种调制对高斯函数带来的改变可以得到直观地显示,具体如图 3.2 所示。其中,图(a)为单元高斯函数的时频展示,图(b)为经过伸缩、时移、频移和调频后的时频展示。

可以看出,这些运算不仅可以调整高斯基函数在时频域中的位置,而且

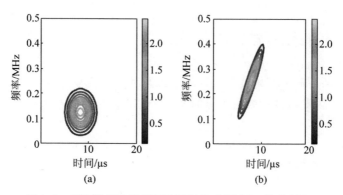

图 3.2 对高斯函数进行四种调制的时频展示（前附彩图）

可以调整频率的变化率。基于线性的时频特性，Chirplet 变换提供了对线性时频信号进行分析的解决方案。然而，根据兰姆波的频散关系，兰姆信号的波速与其频率之间呈现非线性关系，接收到的波包在时频域展示中将具有非线性的时频特性。随着传播距离的增加，这种非线性关系也会发生改变。因此在时频域中，Chirplet 变换将很难分析频散的兰姆波信号。

为了提高高斯基函数的信号表示能力，本书提出了一种改进的多项式 Chirplet 变换。对高斯基函数增加多项式的调频操作，其表达式定义如下：

$$g_{s,t_0,\omega_0,c_k} = \frac{1}{\sqrt[4]{\pi s^2}} e^{-\frac{(t-t_0)^2}{2s^2}} \cdot e^{j\omega_0(t-t_0)} \cdot e^{j\sum_{k=2}^{n} c_k(t-t_0)^k} \quad (3.3)$$

其中，c_k 为多项式系数。可以发现，传统 Chirplet 变换中的线性调频操作被转变为了非线性调频，目的是为了更好地分析兰姆波信号的时频特性。多项式形式能够让基函数更加精确地适应局部的信号，这样，兰姆波可以被分解为不同的高斯基函数，以用于对重叠信号的分离。

多项式高斯基函数的时频展示于图 3.3 中。可以看出，时频图为弯曲的形式，即基函数的频率与时间呈现非线性的关系。

进一步地，将多项式 Chirplet 变换定义为兰姆波信号 $f(t)$ 与多项式 Chirplet 基函数之间的内积：

$$\alpha_n = \langle f, g_{I_n} \rangle = \int_{-\infty}^{+\infty} f(t) g_{I_n}^*(t) \mathrm{d}t \quad (3.4)$$

其中，"*"表示共轭运算；α_n 为信号在 Chirplet 基函数上的投影系数。基函数的下标 I_n 的含义为索引集，其是对单元高斯函数进行调制时的参数组合，表示为 $I_n = [s, t_0, \omega_0, c_k]$。

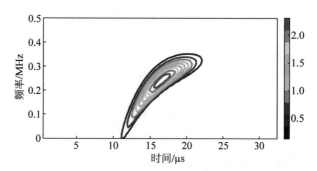

图 3.3 高斯基函数多项式调频后的时频表示（前附彩图）

实施多项式 Chirplet 变换后，可以得到各个系数和各个基函数。因此，兰姆波信号可以被重构为多项式 Chirplet 基函数的加权组合，具体可表示为

$$f(t) = \sum_{n=1}^{P} \alpha_n g_{I_n} + r_p \tag{3.5}$$

其中，P 是分解的基函数的数量；r_p 是重构后的残差。

在进行兰姆波信号的重构时，只有权重较大的基函数能够恢复出导波信号，因此，仅选取系数较大的基函数。如果多种模态的导波信号在时域中存在重叠，通过上述 Chirplet 变换后，则会分解为多个多项式，从而可以发现导波信号可由多个基函数进行重构。如果波包中仅包含一种兰姆波模态，则 P 的值将等于 1，并且只有一个基函数与信号最匹配。

3.2.3 基函数的构建

为了分解重叠的导波信号并获得相应的模态，构建合适的基函数集合非常重要。这种基函数集合需要能够描述各种情况下的兰姆波。下面将主要基于兰姆波的时频特征构建基函数，从而使得基函数能够模拟不同模态、不同传播距离的兰姆波的实际时频特性。

基函数集合主要利用兰姆波的频散关系进行构建。在进行数值求解瑞利-兰姆方程后，即可获得频散曲线的离散采样点。为了清楚地进行表达，将 S 和 A 模态的群速度分别记为 c_s 和 c_a。这样，对于频散曲线中的 S 模态和 A 模态的离散点，可以分别记为 (f_i, c_{si}) 和 (f_i, c_{ai})。

在传播一定的距离后，不同频率的兰姆波由于速度不同，将会处于不同的时间区域。通过频散曲线，可以求得频率与时间的对应关系，从而构建时频特性。具体地,对于 S 和 A 模态,兰姆波信号的时频特性分别表示为 (f_i,t_{si}) 和 (f_i,t_{ai}),其中的时间可以通过群速度获得。接下来,为了得到时间与频率的多项式关系,可以采用最小二乘法,对离散时间采样点和离散频率采样点进行拟合,从而计算得出多项式中的系数 c_k,并进一步获得多项式基函数。

值得注意的是,选择的离散频率点需要覆盖兰姆波信号的频率,即需要覆盖激励信号的频谱范围。一般将激励信号的中心频率置于所选频率点的中间,从而使拟合得到的多项式基函数可以在时频特征上表示产生的兰姆波信号。时移和频移操作是针对基函数进行的,如此可以更改其时频中心,从而可以适应任意时间点和任意频率处的导波信号。伸缩操作可以用于改变基函数在时频域的扩展情况。为了对所有可能的导波模态进行表示,需结合频散曲线,充分利用各种调制建立过完备的基函数。

当获得基函数集合后,就可以根据预定义的多项式高斯基函数来求解能够表示兰姆波信号的最优基函数和系数。对于特定的兰姆波信号,基函数由各个参数组成的索引集 I_n 预先定义,从而在寻找最优基函数时减小了搜索空间。采用匹配追踪(matching pursuit,MP)方法,可以在基函数集合中求得与兰姆波信号较为接近的基函数,从而实现对重叠兰姆波信号的分离和重构。

在实施 MP 的过程中,将波包的信号投影到基函数集合中的每个基函数上。系数 α_n 的大小将用于确定每一次匹配中的最佳基函数。完成一次迭代计算后,将选择最大的系数和相应的基函数作为信号分解出来的分量。然后,从原始信号中减去提取的该分量,以获得残差。在下一次迭代中,残差将被视为信号,并继续重复实施 MP 方法。上述过程一直持续下去,直到残差达到停止标准为止,即

$$f(t)-\sum_{n=1}^{P}\alpha_n g_{I_n}<\varepsilon_1 \qquad (3.6)$$

其中,ε_1 是设计的重建误差阈值。

由于各个不同的基函数分别表示传播一定距离后的 S 模态或 A 模态,因此通过分解得到的基函数,即可辨识获得分离的导波模态。具体地,将重叠信号分解为各个基函数的加权组合后,将使用到的基函数参数索引集与构建的基函数集合进行比较,即可以确定相应的导波模态。而求得的投影系数,则代表了分离的兰姆波的幅度信息,结合多项式高斯基函数的幅度,可以获得相应模态兰姆波的幅度。接下来,将利用基函数的瞬时频率特性

来获取兰姆波的走时信息。

3.2.4 非平稳信号的瞬时频率

瞬时频率(instantaneous frequency)是时频领域中的一个概念,其可以用来分析非平稳信号。在本节中,瞬时频率将用来辅助提取导波的走时特征。

瞬时频率将频率作为时间的函数,是一种描述非平稳兰姆波信号的有效工具。为了理解瞬时频率,首先给出解析信号的概念。解析信号是复信号,对于实数值信号 $x(t)$,可以通过希尔伯特变换将其转换为相应的解析形式。信号 $x(t)$ 的希尔伯特变换为

$$\hat{x} = x(t) * \frac{1}{\pi} = \frac{1}{\pi}\int_{-\infty}^{+\infty}\frac{x(\tau)}{t-\tau}\mathrm{d}\tau \tag{3.7}$$

其中,符号"$*$"表示卷积。$x(t)$ 对应的解析信号为

$$z(t) = x(t) + \mathrm{j}\hat{x}(t) = a(t)\mathrm{e}^{\mathrm{j}\varphi(t)} \tag{3.8}$$

其中,$a(t)$ 为瞬时幅度;$\varphi(t)$ 为瞬时相位;两者均为时间的函数。

对于复数值信号,可以直接将其表示为 $a(t)\mathrm{e}^{\mathrm{j}\varphi(t)}$ 的形式。

与平稳信号的频率相似,信号 $x(t)$ 的瞬时频率由相应解析信号 $z(t)$ 的相位的导数给出[123]。相应的数学表达式为

$$f_i(t) = \frac{1}{2\pi}\frac{\mathrm{d}}{\mathrm{d}t}\arg(z(t)) = \frac{1}{2\pi}\frac{\mathrm{d}\varphi(t)}{\mathrm{d}t} \tag{3.9}$$

因此,对于实数值信号,可以通过希尔伯特变换得到信号相位,进而求导得到瞬时频率;对于复数值信号,直接利用式(3.9)进行计算即可。

对于 3.2.3 节所构建集合中的基函数,它具有复数值形式,并且相位定义如下:

$$\phi(t) = \omega(t-t_0) + \sum_{k=2}^{n}c_k(t-t_0)^k \tag{3.10}$$

进一步地,基函数的瞬时频率可以表示为

$$\mathrm{IF}(t) = \frac{1}{2\pi}\frac{\mathrm{d}\phi(t)}{\mathrm{d}t} = \frac{1}{2\pi}\Big[\omega + \sum_{k=2}^{n}kc_k(t-t_0)^{k-1}\Big] \tag{3.11}$$

采用 MP 方法分离重叠兰姆波信号后,每个分解的兰姆波模态可以由基函数表示,而基函数的瞬时频率可以由式(3.11)获得。因此,通过多项式 Chirplet 变换,可以得到每个兰姆波模态的瞬时频率特性。由于已知激励信号的中心频率,通过提取瞬时频率曲线上与中心频率相对应的时间信息,

则可以得到该模态兰姆波的传播时间,再通过与施加激励的时间比较,可获取走时信息。

3.3 重叠导波信号分离和特征提取步骤

导波在反射和透射情况下的传播如图 3.4 所示。对于导波反射情况,如果在传播路径上存在缺陷,遇到缺陷后,部分兰姆波将被反射回激励端。接收换能器不仅可以感知缺陷反射的回波,还可以接收来自边界的反射波。对于透射情况,导波与缺陷相互作用后,部分兰姆波继续向前传播,此时兰姆波的相位、幅度等特征会发生改变。同样地,边界的反射波也会被接收换能器所感知。反射系数和透射系数可以用来量化上述的反射和透射现象。由于被测结构件中可能存在多个缺陷,且由于存在边界的反射等情况,通常接收到的波形将有多个波包。如果多个波包的到达时间非常接近,则容易发生时域混叠,这给信号的分离和模态的辨识带来困难。

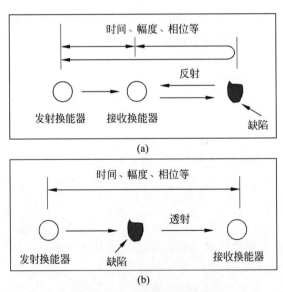

图 3.4 导波检测方案示意图
(a) 反射情况;(b) 透射情况

因此,利用本节所提出方法,可对重叠导波信号进行分离和特征提取。对于接收到的信号,首先使用多项式 Chirplet 变换,采用匹配的方法分离出各个波包；随后，根据变换后得到的系数 α_n 值，可得到各个模态的幅值。根据基函数瞬时频率的特征，获取与中心频率相对应的时间信息，进而得到兰姆波的走时。对于发射换能器、缺陷和接收换能器分布在同一条直线上的简单情况，透射模式下，由获取到的发射换能器直达波的时间信息减去激励施加的中心时间即为走时，进一步地，根据兰姆波中心频率对应的群速度，可以计算得到接收换能器与缺陷之间的距离；而在反射模式下，记 S 模态和 A 模态对应的直达波的传播时间分别表示为 T_{S0} 和 T_{A0}，记缺陷反射波的传播时间分别表示为 T_{Sd} 和 T_{Ad}，可以计算从接收换能器到缺陷的走时为

$$\begin{cases} S \text{ 模态}: \text{TOF}_S = T_{Sd} - T_{S0} \\ A \text{ 模态}: \text{TOF}_A = T_{Ad} - T_{A0} \end{cases} \quad (3.12)$$

当分离得到 S 模态和 A 模态时，两者都可以用来提取幅度和走时信息。幅度可以作为波动层析成像的输入数据；而走时则可以用来对缺陷进行定位并实现基于射线追踪的图像重建。

需要补充说明的是，图 3.4 描绘的是一种简单的情况，而在实际的导波检测中，缺陷的位置通常是未知的，且可能存在多个缺陷，不能保证缺陷与换能器处于同一条直线上。因此需要布置换能器阵列，从而结合多个换能器接收到的波形提取到的特征，以及换能器阵列自身的几何分布建立模型，列写相关方程组，实现对缺陷的定位和成像。

结合多项式 Chirplet 变换和瞬时频率概念，绘制超声导波重叠信号分离和特征提取方法的流程图，如图 3.5 所示。详细步骤具体阐述如下：

（1）将第 2 章所述的脉冲激励信号施加于发射换能器，并用接收换能器接收兰姆波。

（2）根据被测结构件厚度和激励信号的中心频率，利用兰姆波的频散关系分析不同模态导波传播不同距离后的频散特性，采用最小二乘拟合方法，构建多项式 Chirplet 基函数集合。

（3）使用 MP 算法进行多项式 Chirplet 变换，将频散兰姆波信号在多项式 Chirplet 基函数中分解，得到可以表示兰姆波信号的基函数和相应的系数。

（4）判断使用基函数重构的信号与原始兰姆波的差距是否达到所设立的阈值标准，若为是，则进行下一步；若为否，则执行第（3）步，继续进行 MP 算法计算，以分离兰姆波。

(5) 结合 MP 算法得到的系数和基函数的幅值,可以得到分离的兰姆波的幅度;而走时信息则利用基函数的瞬时频率特性进行提取。幅度和走时信息可以作为后续成像的特征数据,也可以用来初步判断缺陷的严重程度等。

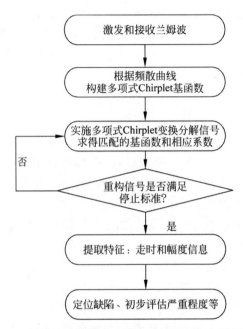

图 3.5　导波重叠信号分离和特征提取方法流程图

3.4 节将根据上述步骤,首先使用有限元仿真获取的兰姆波信号进行重叠信号的分离辨识及特征提取,从而验证所提出方法的可行性。同时,通过变化传播距离下的兰姆波信号,实施所提出算法并开展比较研究,以验证所提出方法的稳健性。

3.4　仿真信号试验验证

本节将对提出的重叠导波信号分离和特征提取方法进行仿真信号的试验验证。具体地,考虑了平板中的兰姆波信号重叠案例,从而区分边界反射带来的干扰,并进一步在改变缺陷距离的情况下验证方法的稳健性。需要说明的是,尽管在验证时使用了平板结构中传播的兰姆波,但该方法具有通用性,即它对管道中螺旋兰姆波的信号处理同样是有效的。

3.4.1 边界反射案例

考虑平板结构中存在重叠兰姆波的情况,在 COMSOL Multiphysics 有限元软件中搭建三维平板模型。将脉冲激励信号加载在板中心的激发点上,该脉冲的中心频率和周期数分别为 150 kHz 和 6。图 3.6 给出了脉冲激励信号的时域波形及其频谱。从该脉冲激励信号的频谱特征可以得出,频率分量集中在主瓣 150 kHz,且主瓣具有最高的振幅。虽然存在旁瓣,但它们的振幅相当小;第一旁瓣的最高频率仍低于高阶模态(S_1,A_1)的截止频率。根据频散曲线可知,在该激励条件下,如不进行模态控制,将产生基波对称(S_0)模态和基波反对称(A_0)模态。

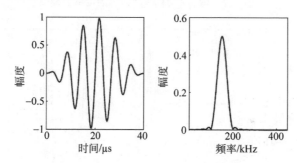

图 3.6 脉冲激励信号的时域波形和频谱

仿真计算中,在平板接近左端面的位置设置一处激励点,导波的接收点被设置在右方距离激励点 400 mm 处。右边界在接收点的右边,距离接收点 200 mm。本节主要考虑来自右边界反射的影响,因此将除右边界外的端面设置为低反射边界,以减少对接收波形的干扰。进行瞬态仿真,旨在观察导波随时间的传播情况。选取 84 μs 时的兰姆波的位移云图,展示在图 3.7 中。其中,中心的位置为激励点所在位置。

从图 3.7 可以清楚地看出,兰姆波的两种模态以不同的速度在平板中传播。速度较快的模态为 S_0 模态,较慢的为 A_0 模态。在空间上,两种模态之间的距离约为 190 mm。根据激励频率所对应的频散曲线工作点可以得知,S_0 和 A_0 模态的群速度分别为 5291 m/s 和 3012 m/s。因此,在传播 84 μs 后,两种模态之间的理论距离为 191.4 mm,与上述仿真获得的结果吻合较好。

在接收点接收到的波形如图 3.8(a)中的实线所示。可以看出,第二个波包的持续时间较长,可能是由多个波包叠加而产生的。按 3.3 节所提出的方

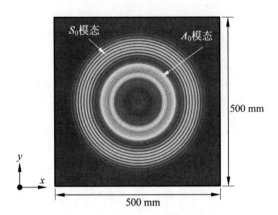

图 3.7　仿真中 84 μs 时捕捉的位移云图

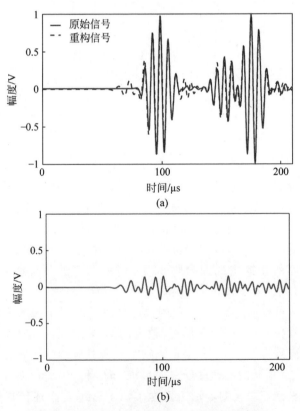

图 3.8　多项式 Chirplet 变换用于边界反射案例
(a) 原始信号和重构信号；(b) 重构信号与原始信号之间的误差

法和步骤,实施基于多项式 Chirplet 变换的重叠信号分离算法。图 3.8(a) 中的虚线和图 3.8(b) 分别给出了利用多项式 Chirplet 基函数获得的重构信号与原始信号之间的误差。可以看出,重构信号与原始信号之间的误差较小。为了测量信号重构的误差,定量结果可以通过式 (3.13) 计算:

$$R_e = \frac{\|S_r - S_o\|_2}{\|S_o\|_2} \tag{3.13}$$

其中, R_e 表示信号重构的误差; S_o 为原始信号; S_r 为重构信号。在这种情况下,计算得到的重构误差是 0.1631,表明基函数对频散兰姆波信号具有较好的表示和分析能力。

将上述分离的各个波包同时绘制在时频展示图中,如图 3.9 所示,以便更直观地表示出重叠信号分离的结果。可以看出,在时域约为 170 μs 的第二个较长时间宽度的波包中,实际上包含了两个信号,它们具有独特的时频特性,并可以用两个多项式 Chirplet 基函数表示。根据所设计的基函数集合可以判断出,一个代表了 A_0 模态,另一个代表了 S_0 模态。进一步结合到达时间和边界的设置位置可以得出,两个信号分别为直达的 A_0 模态和右边界反射的 S_0 模态。因此,所提出方法可以有效地处理边界反射引起的模态重叠问题。

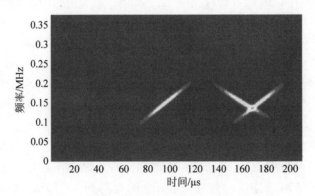

图 3.9　边界反射案例中分离波包的时频展示

3.4.2　变距离缺陷下的稳健性验证

在本节,将研究不同传播距离下多项式 Chirplet 变换对兰姆波的分析能力,以证明所提出方法的优越性。在所进行的有限元仿真中,仅在平板结构中激励 A_0 模态兰姆波,缺陷被设置在激发点的右侧。在有限元几何模型中构建了不规则形状的缺陷以模拟可能出现的腐蚀缺陷,同时还可以观察到模态转换现象的发生。仿真模型的示意如图 3.10 所示。在该模型中,接收点距离激发点 500 mm。为了突出兰姆波的频散特性,将缺陷设置在离激发点较远的地方,且考虑了不同的距离,以开展方法的稳健性验证。本节主要研究缺陷反射的波形,因此将边界均设置为低反射边界。

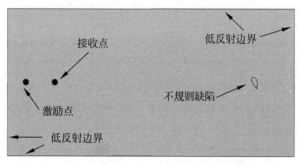

图 3.10　考虑缺陷变化距离情况下的仿真模型示意图

仿真计算中,首先模拟了离激发点 2500 mm 处的缺陷。波形已经展示于图 3.1 中。将所提出的方法应用于该信号,最终得到了三个与信号较为匹配的多项式 Chirplet 基函数,分别对应三个波包。需要说明的是,这三个波包在时域已经可以得到区分,没有发生模态重叠现象。根据所设计的基函数信息,P_1 和 P_3 的波包属于反对称模态,而 P_2 的波包属于对称模态。对称模态是由反对称模态与不规则缺陷相互作用后发生的模态转换产生的。

结合表示兰姆波的对应基函数和计算的幅度信息,将三个分离波包在时频域中进行分析,如图 3.11(a)所示。可以看出,这三个波包对应的模态具有不同的时频特性。此外,瞬时频率曲线也可以计算得出,结果如图 3.11(b)所示。可以观察到,P_3 波包对应的时间与频率之间存在明显的非线性关系。利用瞬时频率曲线,可以进一步得到与中心频率 150 kHz 相对应的时间信息。具体地,直达 A_0 模态波包 P_1 的时间为 182.0 μs,反射 A_0 模态波包 P_3 的时间为 1516.9 μs。因此可以得出,A_0 模态兰姆波的直达波与反射波之间的走时为 1334.9 μs。走时的相对误差可用式(3.14)计算:

$$R_t = \frac{|\text{TOF}_{\text{cal}} - \text{TOF}_{\text{th}}|}{|\text{TOF}_{\text{th}}|} \times 100\% \tag{3.14}$$

其中,R_t 为走时相对误差;TOF_{cal} 是从瞬时频率曲线得到的走时;TOF_{th} 为走时的理论值。根据波速,计算得到理论走时为 1327.9 μs,因此走时的相对误差为 0.53%。

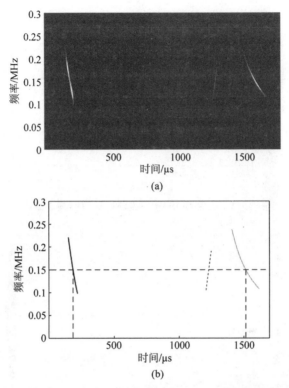

图 3.11 多项式 Chirplet 变换应用于变距离缺陷案例（前附彩图）
(a) 分离的三个波包的时频展示；(b) 三个波包对应的瞬时频率曲线

为了进行比较，采用了线性 Chirplet 变换方法进行波包辨识和特征提取。在线性的 Chirplet 基函数中，时间与频率仅呈现线性关系。计算完成后，对于信号中的三个波包，获得的瞬时曲线如图 3.12 所示。同样，要进行走时的提取。直达 A_0 模态和反射 A_0 模态的对应时间分别为 183.2 μs 和 1526.3 μs。因此这两个波包之间的走时为 1343.1 μs，结合理论走时，可得到其相对误差为 1.14%。

此外，还可以根据激励信号与接收信号的互相关来计算走时。波包 P_3 和激励信号的互相关如图 3.13 所示。在互相关波形中，其最大值的位置表示波包的时延，即走时信息。因此，反射 A_0 模态的走时为 1463.6 μs，直达 A_0 模态波包的走时为 162.1 μs。进一步可以得到，波包 P_1 与 P_3 之间的走时为 1301.5 μs，相对误差为 1.99%。

在本案例中考虑了变化位置的缺陷，但该缺陷仍然与激发点和接收点

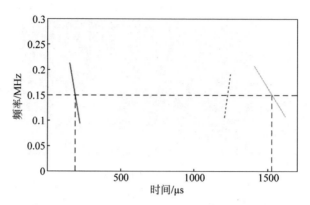

图 3.12　线性 Chirplet 变换获得的瞬时频率曲线

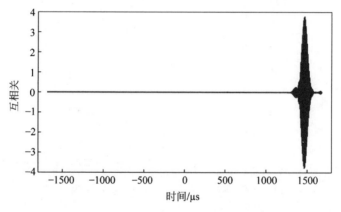

图 3.13　波包 P_3 和激励信号的互相关

在同一条直线上。具体地,缺陷位置从距离激发点 1000 mm 变化到 4000 mm,步长值为 500 mm。得到接收波形后,将上述三种方法(多项式 Chirplet 变换、线性 Chirplet 变换和互相关方法)应用于信号走时特征的提取。进一步地,计算得到直达 A_0 模态与反射 A_0 模态之间走时的相对误差,结果如图 3.14 所示。可以看出,多项式 Chirplet 变换方法的误差最小;随着缺陷设置位置的增加,该方法仍然具有较强的稳健性。当缺陷的位置大于 2500 mm,即兰姆波的传播距离大于 4500 mm 时,线性 Chirplet 变换和互相关方法的相对误差明显变大,但本书所提出方法能够适应较远位置缺陷的频散兰姆波,且误差较小。因此,在较长传播距离下,由于频散对波包带来的影响更为明显,本书所提出方法相比于其他两种方法更具有优势。

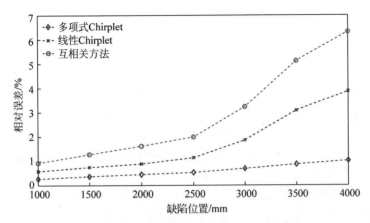

图 3.14 三种方法在变距离缺陷情况下的走时提取误差

3.5 复杂反射试验验证和比较

3.5.1 考虑缺陷和边界带来的重叠

在本节中,考虑更复杂的信号重叠问题,即被测结构件中存在的缺陷和固有的边界共同带来的导波模态重叠,并开展试验验证。

试验中的布局如图 3.15 所示,由于在第 2 章中已经介绍过部分相关仪器,此处不再赘述。需要补充说明的是,在接收设备处使用了独立的信号调理电路,主要是用于对接收到的信号进行放大和滤波。放大器采用了两级放大,可将信号放大 2000 倍;滤波器为带通滤波器,其带宽为 20 kHz。另

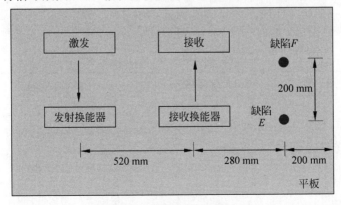

图 3.15 缺陷和边界位置布局

外，此处使用的是在平板结构激发兰姆波的常规电磁超声换能器。本章的目的在于提出一种导波重叠信号的分离和特征提取方法，即重点在于信号处理，并不限制所使用的换能器到底是哪种类型的。

采用两个半球形机械加工缺陷模拟被测金属结构件上的腐蚀缺陷。缺陷 E 位于发射换能器与接收换能器所处的同一条直线上；而缺陷 F 位于缺陷 E 的上方，两缺陷间的距离为 200 mm。在这种布局下，本书主要研究了两个缺陷与右边界的反射导波信号重叠问题。在电磁超声换能器中，大功率激励信号流经发射换能器，会在接收线圈中产生空间感应脉冲，通过施加时间窗门限可去除该信号。鉴于这并非本章研究的重点，故在本章的后续内容中，将忽略对该感应脉冲的分析，而主要集中于分析缺陷和边界对接收导波信号的影响。

由于存在两个缺陷以及多个边界，接收信号的后半部分包含多次反射的混合波包，且随着导波的传播，信噪比降低，导致导波信息难以提取和利用。因此，本书主要研究接收信号中的前一部分波形，该部分主要包含缺陷和右边界的回波。实施所提出的重叠导波信号分离和特征提取方法，将原始信号由多项式 Chirplet 基函数表示，结果如图 3.16(a) 所示，其中包含接收信号和重构的波形。重建的误差如图 3.16(b) 所示，可以看出，重构信号与原始信号之间的误差相对较小，反映出使用本书所提出的方法能够较准确地分析重叠的导波信号。进一步地，应用式 (3.13) 计算出重构误差，结果为 0.2875。

通过多项式 Chirplet 变换，得到了表示原始信号的七个主要基函数，展示于表 3.2 中。其中，通过基函数的幅度，进一步计算了分离的各个模态导波信号幅度的估计值。图 3.16(a) 中的第一个波包 W_1 仅由一个用对称模态构造的基函数表示；第二波包 W_2 分解为三个主要的基函数，分别是由反对称、对称和对称模态构成的基函数；第三波包 W_3 由对称模态的一个主要基函数表示；第四波包 W_4 由两个缺陷的两个反对称模态叠加而成。

表 3.2 多项式 Chirplet 变换得到的基函数和估计的幅值

基 函 数	估计的信号幅度	辨识的模态
BF_1	0.83	直达 S_0 模态
BF_2	0.55	直达 A_0 模态
BF_3	0.28	缺陷 E 反射的 S_0 模态
BF_4	0.33	缺陷 F 反射的 S_0 模态
BF_5	0.13	边界反射的 S_0 模态
BF_6	0.23	缺陷 E 反射的 A_0 模态
BF_7	0.20	缺陷 F 反射的 A_0 模态

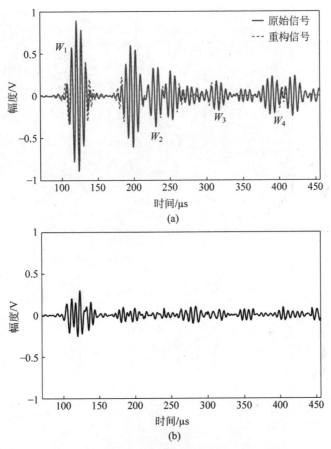

图 3.16 包含缺陷和边界的复杂情况的算法验证
(a) 原始信号和重构信号；(b) 重构误差

利用表示重叠信号的多项式 Chirplet 基函数与幅度 α_n 相乘，可以得到分离的各个导波模态，记为 IM_n。图 3.17(a)给出了分离得到的导波模态的时频展示。可以看出，通过多项式 Chirplet 变换，可以分离重叠的信号，这些信号在时频域呈现不同的特性，而这也是利用多项式 Chirplet 变换分离信号的理论基础。

通过对分离得到的各个模态进行走时提取，可以完成对缺陷的定位。利用基函数的频率信息，可得到导波模态 IM_n 的瞬时频率曲线。此处使用来自直达波和反射波的走时来定位缺陷。瞬时频率曲线的计算结果如图 3.17(b)所示。接下来将从该曲线中提取与中心频率相对应的传播时间。

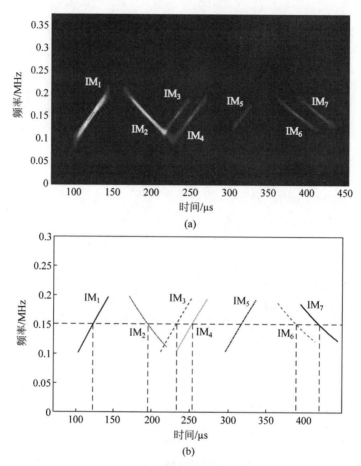

图 3.17 分离得到的各个模态导波
(a) 各模态时频展示;(b) 瞬时频率曲线

首先研究缺陷 E。对于 S_0 模态,直达波和反射波的时间分别为 122.9 μs 和 231.4 μs。对于 A_0 模态,直达波和反射波的时间分别为 193.5 μs 和 385.1 μs。因此可以得到 S_0 和 A_0 模态从接收换能器端到缺陷的走时分别为 108.5 μs 和 191.6 μs。

根据群速度,则可以计算缺陷与接收换能器之间的距离,结果如下:

$$\begin{cases} S_0 \text{ 模态}: d_E = 287.0 \text{ mm} \\ A_0 \text{ 模态}: d_E = 288.5 \text{ mm} \end{cases} \quad (3.15)$$

其中,d_E 是计算的缺陷 E 的距离。由图 3.15 可知,实际的设计距离为

280.0 mm。进一步地,缺陷定位的相对误差采用式(3.16)计算:

$$R_d = \frac{|d_{cal} - d_{th}|}{|d_{th}|} \times 100\% \qquad (3.16)$$

其中,d_{cal}是通过瞬时频率曲线的时间信息和波速估计的距离;d_{th}是实际距离。可以得出,对于S_0模态和A_0模态兰姆波,相对误差分别为2.51%和3.04%。两种模态兰姆波计算的定位相对误差之间有一定差距,但定位误差均较小,结果满足实际检测的要求。

对于缺陷F,由于该缺陷与换能器不在同一直线上,因此应研究反射波的总传播距离。S_0和A_0模态兰姆波的走时分别为229.4 μs和397.2 μs。因此,计算得到两种模态的兰姆波的传播距离分别为1213.8 mm和1196.5 mm。而根据缺陷的设置,从发射换能器到缺陷再反射回接收换能器的实际传播距离为1168.7 mm。可以得到S_0和A_0模态兰姆波的相对误差分别为3.86%和2.38%。虽然传播路径的长度计算精度很高,但是仅靠这一个传播距离并不能判断缺陷F在二维平板中的位置。因此,需要架设更多的接收换能器,或采用移动式的接收换能器来获得更多的距离信息,再通过对几何关系的求解来完成对缺陷的定位。另外,通过相应的数学模型,也可以确定所需接收换能器的最少数目。将多个发射换能器和多个接收换能器布置成阵列形式,联合提取幅度和走时特征,可以反演得到物体的图像。

3.5.2 进一步比较和分析

为了进行比较,首先应用了平滑伪维格纳分布(Wigner-Ville distribution,WVD)来证明所提出方法的优越性。在处理单分量线性调频信号时,WVD具有较好的时频集中性。然而,当面对多分量信号时(如多模兰姆波信号)会产生交叉项,而交叉项会降低时频分辨性。平滑伪WVD是WVD的一种改进版,常用于削弱交叉项的干扰。对上述试验中获得的重叠兰姆波信号,经过平滑伪WVD处理的结果如图3.18所示。

可以观察到,波包中的重叠模态相互影响,使得时频展示变得非常模糊。因此,用平滑伪WVD来分离该重叠的兰姆波信号是相当困难的。

对试验得到的信号,也采用了线性Chirplet变换方法。重构的信号和误差分别如图3.19(a)和(b)所示。通过与本书所提出方法得到的重构误差相比,可以看出该误差大于图3.16(b)中的误差。进一步地,根据式(3.13)计算,以线性Chirplet变换方法得到的重构信号的误差为0.3540。

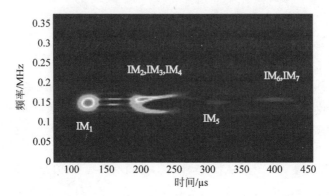

图 3.18 重叠的兰姆波信号经平滑伪 WVD 处理结果

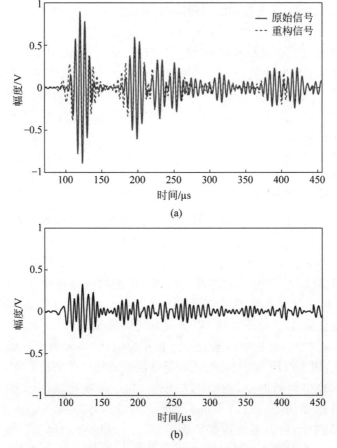

图 3.19 对试验中的信号使用线性 Chirplet 变换方法
(a) 原始信号和重构信号；(b) 重构误差

结合缺陷定位原理提取走时并进行缺陷定位。基于线性 Chirplet 变换方法,从 S_0 和 A_0 模态兰姆波估算得到的距离分别为 292.4 mm 和 295.1 mm。进一步地,计算得到相对误差为 4.43% 和 5.39%。这些较大的相对误差意味着本书所提出的非线性 Chirplet 变换方法在信号表示和缺陷定位方面具有更优越的性能。如果兰姆波传播的距离更远,则频散引起的信号时域扩张将更为严重。因此,非线性时频关系将变得更加明显,采用线性 Chirplet 基函数将引入较大的误差。

对于幅度的提取,常用的方法为通过希尔伯特变换获取信号的包络,将包络的峰值作为信号的幅度。接下来,对试验获得的波形中第一个波包 W_1 开展希尔伯特变换,以提取信号的幅度特征。通过上述的分析可知,该波包仅包含一个模态的导波信号,且与其他波包在时域上有一定距离,因此适于使用希尔伯特变换获取包络。其中,对波包 W_1 计算得到的包络如图 3.20 所示。可见该模态兰姆波幅度在正负值之间波动,而希尔伯特包络是根据信号绝对值计算得到的仅为正值的包络,进一步地,提取包络峰值作为该模态兰姆波信号的幅度。

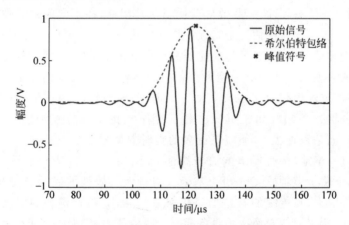

图 3.20 提取信号包络以获取幅度特征

通过提取希尔伯特包络的峰值,可以得到波包 W_1 的幅度为 0.91。与表 3.2 中得到的分离模态 IM_1 的幅度值相比,两种方法计算的该模态导波信号幅度非常接近。但需要说明的是,根据希尔伯特包络方法的原理可知,其无法直接对多模态混叠信号开展幅度提取,即需要首先依据其他有效方法分离信号。同时,希尔伯特包络方法依赖于包络的局部峰值数据,因此易受到噪声等外部环境的影响,从而降低其精确度。

3.6 本章小结

本章提出了一种导波重叠信号分离和特征提取方案。基于高斯基函数，构建了多项式 Chirplet 基函数集合，用以表示频散的兰姆波。通过多项式 Chirplet 变换，将信号在基函数集合中匹配分解，达到了分离重叠模态导波的目的，且根据变换中得到的系数获取各个模态的幅值特征；根据基函数的瞬时频率曲线，获取了各个模态的走时特征。

对于提出的方法，分别进行了有限元仿真信号的实施验证和复杂反射情况的试验验证。在有限元仿真中，直达的 A_0 模态和经模态转换反射回来的 S_0 模态出现重叠，采用所提出的多项式 Chirplet 变换，可以分离出各个模态的信号，且可以根据基函数重构得到信号；与原始信号相比，重构信号的误差为 0.1631。进一步地，验证了提出方法的稳健性。与线性 Chirplet 变换和互相关方法相比，本章所提出方法对不同传播距离的兰姆波均能够提取得到高精度的走时信息，而另外两种方法提取走时的误差较大，特别是当传播较远、频散效应较明显时。因此，在不同的缺陷位置情况下，以本书所提出方法估计走时优于传统方法。

在实际试验中，布置了与换能器共线的缺陷 E 和非共线的缺陷 F。基于提出的多项式 Chirplet 变换方法，在接收信号中分离得到了 7 个模态的导波信号，重建误差为 0.2875。对于缺陷 E，S_0 和 A_0 模态估计的相对定位误差分别为 2.51% 和 3.04%。对于缺陷 F，由于与发射换能器和接收换能器不在同一条直线上，还需要更多的走时数据才能实现其在二维平面的定位。进一步地，将所提出方法与线性 Chirplet 变换方法和平滑伪 WVD 相比较，证明了多项式 Chirplet 基函数对频散兰姆波的表示和分析能力。在幅度提取上，与传统的希尔伯特包络方法相比，两者得到的幅度较为一致。然而，希尔伯特变换法不具备模态分离的能力，仅能实施于已经分离的各个模态信号。

需要补充说明的是，本章主要针对平板结构中传播的兰姆波进行了分析和处理，而所提出的方法具有通用性，即对于管道中传播的螺旋兰姆波，同样可以进行重叠信号分离和特征提取，只需构建好合适的多项式 Chirplet 基函数集合即可。在接下来的两章中，将基于多个激发换能器和多个接收换能器的布局，实现检测区域的缺陷成像。

第4章 基于直射线近似的快速螺旋导波层析成像

4.1 本章引论

第2章提出了一种针对管道的螺旋兰姆波电磁超声换能器,可在管道中激发多螺旋角度传播的导波,该导波能够从多个方向穿过检测区域。布置成阵列结构时,多个发射换能器均可以激发导波,多个接收换能器可接收各个方向传播的螺旋导波,这样将获取更丰富的缺陷信息,以供进一步分析和处理。针对导波的信号重叠和特征提取问题,第3章提出了一种基于多项式Chirplet变换的解决方案,该方案能够有效应对导波频散带来的负面影响,并可高精度地提取导波的走时和幅度,而这些特征参数均可以作为导波进一步处理和利用的输入参数。

结合阵列导波信号提取的特征,可以对整个检测区域进行成像操作,以直观观察管道的健康状态。缺陷可视化是利用导波进行缺陷检测的重要目标。缺陷的成像过程可以理解为逆过程,即要根据接收到的检测信号反演出缺陷的形态。对于此逆问题,数学上提供有若干迭代求解算法。然而,这些算法大多需要设置较多参数,且还需要根据不同情况进行调整;这些算法中,还可能具有一些因子或系数,需要根据经验进行确定或者要通过多次试验才能获取。除此之外,这些方法大多都占用大量的计算机内存和计算资源,需运行较长时间才能收敛到所检测的缺陷图像,即效率是较低的。

目前为止,有关导波层析成像方法的研究依然不够充分,已有的平板导波成像方法对管道螺旋导波的场景是否完全适用还需要做深入的研究。在时间有限的情况或者需要效率较高的情形时,依然缺乏计算高效、且能利用螺旋导波传播优势的成像方法。

针对上述问题,本章试提出一种基于概率性重构算法和图像融合的多螺旋兰姆波成像方法,目标是为了分析和使用多螺旋角度传播的导波,实现尽可能清晰的缺陷可视化效果。首先,建立管道兰姆波多螺旋传播模型。随后,对接收到的波包进行初步分离,建立概率性重构方法。然后,将不同路径的重建结果进行融合和滤波,完成缺陷成像的操作。最后,使用有限元仿真得到的信号和试验中获取的导波信号,分别开展缺陷成像研究。

4.2 管道多螺旋角度导波直线传播模型

直射线近似提供了一种对导波的快速且有效的处理方法。在本章中,对导波均作射线近似,即认为导波在发射换能器与接收换能器之间是直线传播的。

针对管道的特殊结构,导波可沿螺旋线方向绕管道传播数周之后到达接收器。为了更好地理解导波的传播形式,可将管道沿一条母线展开,即将其展开成为平板状结构,并在其两边周期性地进行复制,如图4.1所示。其中,中间的一块平板为展开的物理实体平板,两边无限复制并无限延伸的可以看作为虚拟的平板。同样地,对发射换能器和接收换能器,也周期性地进行复制。对于沿管道螺旋线传播的导波,可以看作在平板中以一个角度向前方传播的导波,当到达实体平板的边界时,进入虚拟平板继续传播。导波不仅可以到达实体接收换能器,也可以到达虚拟接收换能器。

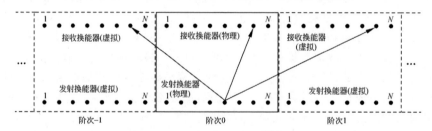

图 4.1　管道展开为平板后的结构

图4.1中的这些不同平板可以称为不同的阶次,并用符号$\pm n_0$表示。符号"+"指代右方的平板,即螺旋导波向右前方传播;符号"−"指代左方的平板,即螺旋导波向左前方传播。依据接收换能器所在的平板,可以区分并表示不同角度传播的螺旋导波,亦可以区分绕管道不同周数之后被接收的导波。因此,多螺旋导波可以用不同的阶次进行指代和描述。

对于管道结构中螺旋导波接收换能器获得的信号,可以表示为展开的平板中物理接收换能器和虚拟接收换能器得到的导波信号的总和。第r个接收换能器的信号模型的数学表达式为

$$\Theta_r(t) = \sum_{n_0} \theta_{r+Nn_0}(t) \tag{4.1}$$

其中，$\Theta_r(t)$ 为最终的螺旋导波接收信号；$\theta(t)$ 为平板中不同的接收换能器各自接收到的信号；N 为实体接收换能器的个数，即管道一周布置的接收换能器的个数；$r+Nn_0$ 为不同接收换能器的编号。

前已述及，导波自身具有频散的特点，当考虑多个阶次的螺旋导波，再叠加上缺陷对导波信号带来的影响，将使得对接收波包的辨识变得异常困难。为了克服频散带来的影响，可利用恒群速度点（constant group velocity，CGV）进行分析[124]。本书选取 CGV 作为研究对象，其在频散曲线中的位置如图 4.2(a)中标记的菱形符号所示。由图 4.2(a)可以看出，在 CGV 附近，基波反对称模态 A_0 的群速度曲线为一条近乎平行于横轴的水平线。这意味着该模态导波的群速度在一个较宽的频厚积范围内近似保持不变，即腐蚀等缺陷造成材料厚度减少情况时，导波依然能维持基本不变的群速度穿过缺陷区域。如此，则 A_0 模态导波到达接收换能器的时间将几乎不受缺陷的影响，而只与传播距离和群速度有关。由于不同阶次的导波传播距离不同，利用此群速度不变的特性，可以方便地辨识出不同阶次的螺旋导波。

需要说明的是，CGV 对应的导波的相速度依然对频厚积非常敏感，如图 4.2(b)所示。因此，穿过缺陷的导波依然携带有缺陷的相关信息。在后文中，将具体阐述如何利用缺陷带来的导波信号的相位差来进行成像，从而辨识缺陷形态和确定缺陷位置。

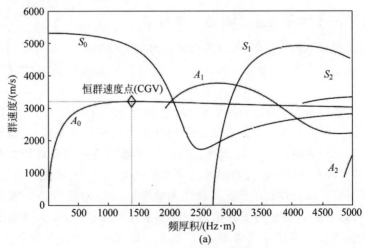

图 4.2 频散曲线中的恒群速度点
(a) 群速度；(b) 相速度

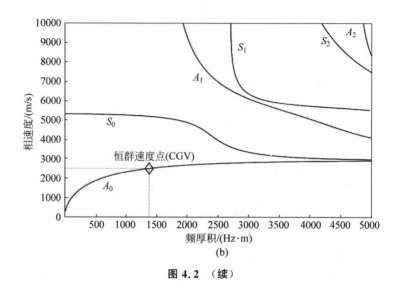

图 4.2 （续）

由图 4.2(a)可以得出，在 CGV 处的频厚积约为 1400 Hz·m。因此，为了利用 CGV 的模态导波，需要按此频厚积进行设置并激发相应模态的导波。本书考虑的管道厚度为 6 mm，故所施加的激励频率应为 230 kHz。

4.3 概率性重构成像方法

4.3.1 基于信号差异系数的成像模型

导波与缺陷相互作用后，缺陷会对信号的传播带来影响，在接收信号上会体现出差异。因此，本节建立了基于信号差异系数的概率性重构成像模型。

在概率性重构成像过程中，其核心思想为开展检测信号与基准信号之间的相关分析。基准信号是在管道健康状态下获取的导波信号，需要在被检测对象处于无缺陷状态时获得。基准信号被认为是用来对照的参考信号，这种方法在导波无损检测领域已被普遍使用[125]。需要说明的是，对实际被测结构件，有时可能无法获取其无缺陷状态时的信号。在实验室环境下，可以在引入机械加工缺陷前后分别实施导波检测，以获取基准信号和检测信号。而在实际场景中，可以找到一段无缺陷的管道开展试验，以获得基准信号。另外，也可以开展有限元仿真计算，以获取相应的基准信号。

进行成像时,常使用信号差异系数(signal difference coefficient,SDC)来量化检测信号与基准信号的差异程度,其数学表达式为

$$\text{SDC} = 1 - \rho \tag{4.2}$$

其中,ρ 为相关系数,可以表示为

$$\rho = \frac{C_{S_d S_b}}{\sigma_{S_d} \sigma_{S_b}} \tag{4.3}$$

其中,$C_{S_d S_b}$ 为检测信号 S_d 和基准信号 S_b 的协方差;σ_{S_d} 和 σ_{S_b} 分别为检测信号和基准信号的标准差。进一步地,$C_{S_d S_b}$ 的计算公式为

$$C_{S_d S_b} = \sum_i^T [S_d(t_i) - \mu_d][(S_b(t_i) - \mu_b)] \tag{4.4}$$

其中,T 为信号的时域总长度;μ_d 和 μ_b 分别为检测信号和基准信号的平均值。两个标准差的乘积 $\sigma_{S_d} \sigma_{S_b}$ 可以计算为

$$\sigma_{S_d} \sigma_{S_b} = \sqrt{\sum_i^T [S_d(t_i) - \mu_d]^2} \sqrt{\sum_i^T [S_b(t_i) - \mu_b]^2} \tag{4.5}$$

对于螺旋导波的每一条直射线传播路径,均获取一次缺陷分布估计值,其数学表达式为

$$p_k(x,y) = \text{SDC}_k \times E_{ij}(x,y) \tag{4.6}$$

其中,(x,y) 为在直角坐标系下划分的网格;SDC_k 为相应路径上的信号差异系数;$E_{ij}(x,y)$ 为空间分布函数,也控制着信号差异系数的权重。$E_{ij}(x,y)$ 为非负值,可以计算为

$$E_{ij}(x,y) = \frac{\beta - R_{ij}(x,y)}{\beta - 1} \tag{4.7}$$

其中,β 为尺度参数;$R_{ij}(x,y)$ 为间接波与直达波传播路径的长度之比,具体地:

$$R_{ij}(x,y) = \begin{cases} \dfrac{\sqrt{(x-x_i)^2 + (y-y_i)^2} + \sqrt{(x-x_j)^2 + (y-y_j)^2}}{\sqrt{(x_j-x_i)^2 + (y_j-y_i)^2}}, & R_{ij} \leqslant \beta \\ \beta, & R_{ij} > \beta \end{cases} \tag{4.8}$$

其中,(x_i, y_i) 为发射器位置;(x_j, y_j) 为接收器位置;尺度参数 β 限制了 $R_{ij}(x,y)$ 的最大值。

通过计算空间分布函数可以发现,空间分布函数沿导波传播路径形成了椭圆形的区域,如图 4.3 所示。需要说明的是,图 4.3 中仅展示了三条等

值线,其内部的区域绘制成了不同的颜色。在数值上,如果成像网格点距离传播路径越近,则空间分布函数值越大,其在估计缺陷分布时的权重也越大。

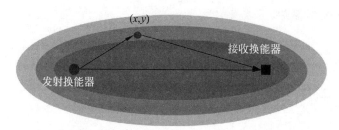

图 4.3 概率性重构中的空间分布函数

获取完所有射线路径的缺陷分布估计值后,重构的成像值为所有导波路径上的估计值的求和:

$$P(x,y) = \sum_{k=1}^{N_{tr}} p_k(x,y) \qquad (4.9)$$

其中,N_{tr} 为激发和接收换能器对的数量。

本书考虑的是螺旋导波,而不同阶次的螺旋导波具有不同的传播路径长度。由于导波波包保持恒群速度传播,因此通过不同的波达时间,即可区分出环绕管道不同周数的导波。需要说明的是,会有导波在特殊情况下传播路径的长度相同,如接收换能器位于发射换能器正前方,$+n_0$ 和 $-n_0$ 阶次的导波会沿对称的路径传播。在图 4.1 中,即为分别向左和向右传播,在环绕管道整数周后,它们几乎同时到达物理接收换能器。记发射换能器和接收换能器沿管道轴向的距离为 D_{tr},螺旋导波路径的长度可以计算为

$$L = \sqrt{D_{tr}^2 + (d_a + \pi n_0 D)^2} \qquad (4.10)$$

其中,d_a 为换能器对在管道圆周方向的距离;D 为管道直径。

不同的螺旋路径以不同的角度穿过检测区域,考虑的导波阶次越多,则获得的缺陷信息越多,缺陷成像效果也越好。然而,随着阶次的提高,导波沿管道传播的周数越多,射线路径越长,信号衰减的程度也越严重,信噪比会降低,噪声等干扰可能覆盖掉信号中有用的信息。另外,更长的路径需要更长的时间采集信号,也需要更大的存储空间保存信号。除此之外,在计算时也会带来更多的计算机 CPU 占用和内存消耗。综上所述,本章使用总共三阶次螺旋导波:0、+1 和 -1 阶次,即考虑一个物理平板和左、右各一个虚拟平板的区域。

在上述考虑的平板空间中,利用概率性重构的思想,计算三个平板区域中直线路径的缺陷分布估计值并求和,即可获得成像值 $P(x,y)$。进一步地,将虚拟平板中的成像值映射到物理平板,即对应到实体管道结构上。将不同阶次的螺旋导波的成像结果进行融合,得到合成的成像值,计算公式为

$$I(x,y) = \sum_{n_0} P(x,y) \tag{4.11}$$

最后,合成的图像将通过中值滤波器(median filter)进行滤波,以得到最终的结果。中值滤波为图像滤波中的基本方法,以 3×3 的网格为例,将总共 9 个网格中的数值按从小到大顺序排列,取其中值,并赋予 3×3 网格中的中心网格即可。得到成像结果后,其成像值反映了缺陷存在的可能性;更大的成像值也将意味着相对更严重的缺陷,其位置也指示出缺陷存在的位置。

4.3.2 概率性重构方法步骤

本节结合管道结构的实际检测过程,对 4.3.1 节的概率性重构成像模型进行梳理,给出成像方法及其步骤,具体流程如图 4.4 所示。

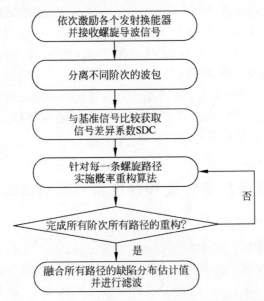

图 4.4 基于直射线近似的概率性重构方法流程图

在管道周向布置两个环形阵列,一个阵列为发射换能器阵列,另一个阵列为接收换能器阵列。两个阵列中的换能器均沿周向均匀分布,且两个阵列在管道轴向相隔一段距离。利用螺旋兰姆波透射数据,对两个阵列中间的被检管道区域的缺陷进行层析成像。结合基于信号差异系数的概率性重构模型,对缺陷成像方法的具体步骤解释如下:

(1) 采用 N 个发射换能器和 M 个接收换能器组成两个环形阵列,布置于管道周向。

(2) 依次激励各个发射换能器,并接收导波信号。在每一个发射换能器工作时,所有接收换能器都进行信号的接收,总共接收信号的数目为 $N\times M$ 个。

(3) 依据导波传播路径长度,分离不同阶次的螺旋兰姆波,本章主要考虑 0、+1 和 -1 阶次的导波。

(4) 对分离得到的螺旋兰姆波信号,与基准信号进行比较,求取相关系数 ρ 和信号差异系数 SDC。

(5) 针对每一条螺旋兰姆波的传播路径,实施概率性重构算法,获得缺陷分布的估计值 $p_k(x,y)$。

(6) 判断是否完成了所有螺旋导波阶次和所有路径的缺陷分布估计值的计算。若是,则继续进行下一步操作;若不是,则返回步骤(5)。

(7) 将所有路径上得到的缺陷分布估计值进行融合,并将其他阶次的螺旋导波映射到 0 阶次对应的实体平板(即对应到管道上),最后进行中值滤波,得到缺陷的层析成像结果。

本节阐述了管道螺旋兰姆波基于直射线近似的缺陷重构方法和步骤,接下来将针对多个案例(包括单缺陷案例、多缺陷案例和实际腐蚀复杂缺陷)开展概率性层析成像方法的验证。

4.4 基于概率性重构的层析成像仿真试验验证

4.4.1 单缺陷案例

在仿真试验验证中,使用 COMSOL Multiphysics 进行有限元仿真,布置缺陷并获取波形。选取管道的直径和厚度参数均与第 2 章保持一致,分别为 273 mm 和 6 mm。管道的材料参数为钢材参数,其中,弹性模量为 205 GPa,密度为 7850 kg/m^3,泊松比为 0.28。为了利用反对称 A_0 模态的恒群速度特性,激励脉冲的频率设置为 230 kHz。在管道周向布置两个环形阵列,分别包含 8 个导波激发点和 8 个波形接收点,其轴向距离为 300 mm。

首先,考虑仅包含一个圆形缺陷的简单情况。将发射点和接收点分别编号为♯1~♯8。在有限元仿真的管道几何模型中,构建单个规则的缺陷,位于♯3 发射点前方 200 mm 处。该缺陷设置为圆形缺陷,直径为 80 mm。考虑信号的衰减情况,总共使用三阶次螺旋导波进行概率性层析成像验证。被检测管道展开成的平板结构和复制的两个虚拟平板如图 4.5 所示。

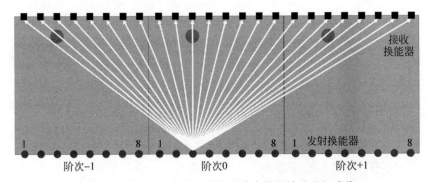

图 4.5　利用三阶次螺旋导波对单个圆形缺陷进行成像

图 4.5 中也展示了从♯3 发射点到接收点的导波直线传播路径。在 −1 和 +1 阶次的虚拟平板中,缺陷也进行了复制。可以直观地看到,导波从不同方向穿过圆形缺陷区域。若只考虑直达波而忽略螺旋传播的导波(对应于平板的情况),只存在 0 阶次时,导波传播角度明显减少,能够利用的导波信息较为有限,这种情况将在成像对比时进行分析。

发射阵列中,8 个发射换能器依次施以激励脉冲。每次激励一个发射器时,所有接收点均接收信号。这意味着每个接收点将采集 8 个波形数据,总共将获得 64 个波形数据。数据将被分类并存储在计算机中,以待进一步分析。

图 4.6 中显示了当♯3 发射点产生导波时,8 个接收点获得的波形,并用黑色短虚线将同一螺旋阶次的导波波包相连。在每一个接收点的波形中,可以清楚地看到,均出现了多个波包,这意味着波是以螺旋方式传播的,其沿不同的角度并缠绕管道不同周数后到达接收点。接收点可以同时检测到多个螺旋阶次的导波,其中来自不同阶次的螺旋兰姆波由于传播距离不同,经历不同的传播时间后到达接收点。由于某些 −2 阶次导波的传播路径的长度较短,因此相应的波包也出现在部分接收点的波形中。在同阶次

的螺旋兰姆波中,由于其以不同的角度到达接收点,路径长度也有所不同,波包以距离的长短顺序依次到达不同的接收点。

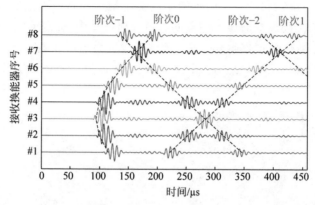

图 4.6 当♯3 换能器被激励时,8 个接收器获得的波形(前附彩图)

可以采用相同的方式获得基准信号,不同之处只是管道处于健康状态,即管道中不存在上述圆形规则缺陷。为了直观地展示缺陷带来的变化,图 4.7 中显示了在激励♯3 换能器时,接收点♯5 处获得的波形和相对应的基准信号。

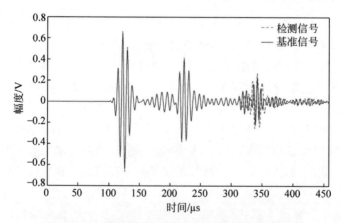

图 4.7 ♯5 接收器接收到的波形及相应的基准信号

可以看出,在无缺陷和有缺陷的情况下,三个螺旋阶次的波包几乎同时到达接收点。但是,波包在时域中并不完全重叠,特别是第三个波包,其代表着+1 阶次。通过观察到达接收点♯5 的传播路径可以发现,阶次为+1 的路径会穿过缺陷,而阶次 0 和−1 均没有通过。+1 阶次的传播路径长度最长,在波形中对应的即是第三个波包,而该波包在有缺陷和无缺陷的情况中,可以观察到发生了较大的变化。进一步可以发现,+1 阶次的波包的幅度和走时变化不大,而相位出现了明显的不同。因此,由于缺陷的存在,导波信号将呈现不同的相位信息。基于该相位差,即可对缺陷进行层析成像。

接下来对接收信号实施成像,使用 MATLAB 完成算法的编程工作。空间分布函数中的尺度参数 β 设置为 1.05。图 4.8 给出了三阶次螺旋兰姆波进行层析成像的结果,其中根据传播路径,对三个平板中的缺陷分布估计值分别进行展示。在每一个螺旋阶次中,可以发现一些指示潜在缺陷的较大的成像值。除了 0 阶以外,-1 和 $+1$ 阶的路径也可能在传播时通过缺陷,这样利用三阶次螺旋导波的信号差异系数,将有助于得到更高分辨率的缺陷层析成像。

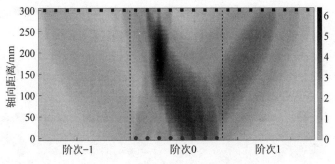

图 4.8 三阶次螺旋导波成像结果

经过图像融合和常规的中值滤波后,结果如图 4.9 所示。为了更好地将层析得到的缺陷图像与真实缺陷进行比较,图 4.9 中还描绘了实际缺陷的形状,并以圆圈表示。从该图可以看出,融合得到的图像轮廓与真实缺陷一致,指示的缺陷位置也与圆形缺陷的理论位置一致。但是,也能注意到,缺陷区域的成像结果较为粗糙,轮廓不够清晰,缺陷的区域大于实际缺陷的面积。

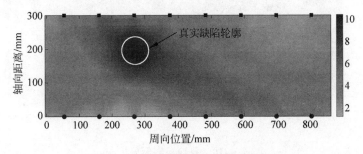

图 4.9 三阶次螺旋导波融合成像结果

下面分析成像结果不够精细的原因。原理上，管道周向布置的激发和接收点较少，仅各为 8 个，即使考虑三个阶次的螺旋导波，声射线的覆盖密度仍较低。因此，在待检测的管段区域，仅有部分区域存在导波射线，而剩下的较大面积区域并没有被螺旋导波覆盖，从而导致基于直射线近似的成像方法在分辨率上存在不足。另外，在成像过程中使用的信号差异系数将作用于整个传播路径，而不是局限于缺陷存在的局部区域，因此传播路径上带来的相位差将影响到更大区域的成像值，从而造成了缺陷轮廓的模糊和成像区域的扩展。

4.4.2 双缺陷案例

在本节中，考虑管道中同时存在两个缺陷的情况。在管道几何模型中，构造了大小不同的两个圆形缺陷。其中一个缺陷位于♯3 发射换能器的正前方，和 4.4.1 节的单缺陷设置相同；另一个缺陷位于♯6 发射换能器的正前方，其面积较小，中心距离♯6 换能器为 100 mm。图 4.10(a) 给出了双缺陷布置的示意图。两种圆形缺陷的尺寸不同，直径分别为 80 mm 和 40 mm。

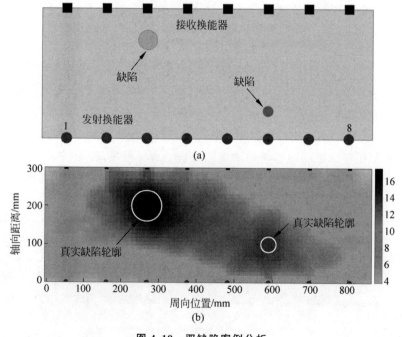

图 4.10 双缺陷案例分析

(a) 双缺陷布置示意图；(b) 成像结果

采集完导波波形后,利用 MATLAB 软件实施后处理,从而实现概率性层析成像算法。双缺陷的成像结果如图 4.10(b)所示。结果表明,较大缺陷的成像值在数值上大于较小缺陷的成像值。因此可以推断,基于概率性重构的图像值与缺陷严重程度之间存在相关性。进一步的分析表明,图像值与缺陷的对应关系并不是严格的线性关系,其数学模型难以建立。图像值的大小更多展示的是相对的关系,缺陷区域相对于健康区域将具有更大的数值;不同缺陷区域的严重程度也可以利用图像值相互比较。但需要说明的是,这种关系是相对的,不是绝对的,即成像值是偏定性地刻画缺陷的严重程度。基于成像值的相对大小(尽管是偏定性而非严格的量化,成像结果中依然包含了缺陷尺寸或缺陷严重性的相关信息),可将其用于对管道维护提供预警。

另外,从图 4.10(b)中可以看出,两圆形缺陷之间的区域具有一定的成像值,且高于其他的管道健康区域,这是由于该区域处于经过缺陷的导波的传播路径上,在成像算法中不可避免地具有一定的缺陷估计值。尽管这一区域对缺陷识别带来了干扰,但对这两种不同缺陷的区分没有带来非常严重的影响。同样地,与单缺陷的成像结果类似,缺陷的区域大于实际设计的人工缺陷尺寸,这是概率性重建算法的不足之处,即图像的分辨率较低。为了优化缺陷成像结果,需要发展自适应的阈值法或更加先进的滤波方案,甚至应考虑采用基于波动方程的、计算量较大的层析成像方法。

4.5 实际复杂缺陷试验验证

4.5.1 平台搭建和成像验证

为了对所提出的基于直射线近似的概率性重构层析成像方法进行验证,在具有实际复杂缺陷的管道上搭建了螺旋兰姆波检测平台,其与第 2 章所搭建的螺旋兰姆波换能器试验验证平台一致,如图 2.13 所示。区别在于,为了进行缺陷成像,选用了具有缺陷的管道段。需要补充说明的是,螺旋导波激发和接收换能器采用了永磁体阵列和缠绕线圈的结构,如文献[126]所示。该激发换能器同样可以产生多螺旋角度的螺旋兰姆波,与第 2 章的换能器效果类似。由于本章重在提出一种管道缺陷层析成像算法,利用螺旋兰姆波信号进行概率性重建,主要在于接收信号的后处理,不局限于使用的换能器结构,同样适用于其他螺旋兰姆波换能器。

本节中，被用来成像的管道的几何尺寸与4.4节的保持一致，直径为273 mm，厚度为6 mm。管道中存在一处金属损失缺陷，其为需要进行螺旋兰姆波检测并实施成像算法的对象。缺陷实物如图4.11(a)所示。由于环境中的腐蚀等因素，这种缺陷呈现出不规则的形状。管道的轴向方向也在图中描绘了出来。为了实现管道基于概率性的重构成像，首先从管道中选取健康的管段部分获得基准信号，在这个管段没有任何缺陷发生。随后，在带有缺陷的管段的两端布置换能器阵列，与4.4节仿真保持一致，发射换能器和接收换能器各为8个，并编号♯1～♯8。其中，缺陷的位置位于♯5发射换能器的正前方。轮流激励发射阵列，获取检测信号并存储于计算机中。

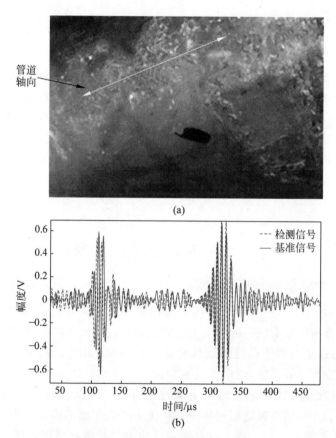

图4.11 管道中的缺陷和检测波形

(a) 实际复杂腐蚀缺陷图片；(b) 激励♯5换能器时，♯5接收换能器接收到的波形

图 4.11(b)显示了激励♯5 发射换能器时,在♯5 接收换能器中采集到的波形。可以观察到,该图中主要出现了两个较大的波包,第一个为直达波包,反映了导波沿轴向传播直接到达该接收换能器;第二个波包为-1 阶次和+1 阶次的重叠波包,这两个阶次具有相同的传播距离,因此同时到达接收换能器。由于缺陷处于直达波的路径上,缺陷与导波相互作用,从而影响直达波波包并导致检测信号出现变化。从该图中也可看出,第一个波包的信号与基准信号相比,出现了较大的不同,主要体现在信号相位差异上。由于-1 阶次和+1 阶次的螺旋线路径未经过缺陷,这两个阶次获得的检测信号波形与基准信号之间基本保持一致。另外可以发现,与仿真过程中的纯净波形相比,即使对实际试验的接收信号进行了窄带滤波操作,获得的波形中依然会出现小幅度的干扰噪声。

在利用 MATLAB 实施所提出的概率性重构成像算法后,结果显示于图 4.12 中。可以看出,主要的成像值出现在复杂腐蚀缺陷存在的位置,且轮廓和实际情况保持了一致。同时也注意到,一些干扰出现在图像区域的左上方和右上方。这些小成像值的形成,是由于管道相应部位的粗糙表面影响了沿该区域传播的导波,从而导致接收信号的差异。总体来看,成像结果与实际缺陷情况基本吻合。因此可以得到结论,即该算法对不规则缺陷的成像依然具有良好的效果。

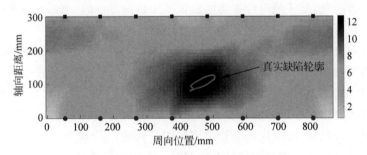

图 4.12　实际复杂缺陷的概率性重构结果

4.5.2　进一步比较和分析

在传统的平板或管道结构的成像方案中,通常只提取信号的初至波包进行缺陷定位和成像。由于管道的环绕型结构,多个螺旋角度传播的导波信号均可以到达接收换能器,在 4.5.1 节的层析成像中,总共考虑了三个阶次的螺旋兰姆波。为了进行比较,并验证多螺旋兰姆波成像的优势,接下来仅利用初至波包对缺陷进行成像，即仅采用 0 阶次的螺旋兰姆波。

同样地，执行基于直射线近似的概率性重构算法，结果如图 4.13 所示。较大的成像值依然清晰地指示出了缺陷的位置，然而，展示出的形状已经与实际形状存在较大不同。除此之外，整体的成像效果更加粗糙，分辨率较低，所指示缺陷的范围远远超出了实际的缺陷范围，背景与缺陷区域之间的边缘呈现突变的特征，且整个成像区域存在较多的干扰。总体而言，这种成像结果对于判断缺陷严重程度已经带来了较大偏差。相比于考虑三个阶次螺旋兰姆波的成像，由于仅考虑了一个阶次，所能利用的导波信息较为缺乏，因此成像质量下降。

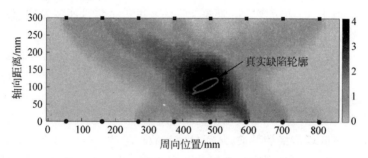

图 4.13 仅考虑 0 阶次螺旋兰姆波的成像结果

前已述及，基于概率性重构的成像算法是偏定性的，难以对深度进行绝对的量化，即难以获得缺陷处绝对的管道厚度分布，但是可以利用其相对性开展缺陷位置的定位研究。进一步地，在图 4.12 和图 4.13 的成像结果中，对距离发射换能器轴向为 100 mm 处的周向环形线的成像值进行归一化处理，并将最大的成像值对应为缺陷最深处，最小值对应为管道健康区域，即成像最大值和最小值分别调整为 0 和 1。以管道周向的长度为横轴，成像归一化值为纵轴，将成像值沿管道周向的分布情况绘制于图 4.14 中，可以指示成像值沿管道周向的相对变化情况。该周向位置穿过缺陷区域，因此，图 4.14 将用于描述缺陷在周向位置的定位。对该复杂缺陷，实际测量了其深度变化情况。为了更好地与成像值进行比较，同样地，将最深部分和管道表面分别表示为 0 和 1，其余深度值映射到 0~1 的范围内，结果也展示于图 4.14 中。

为了量化比较两种成像方案的准确性，对缺陷最深处的位置进行了定位精度的比较，结果呈现于表 4.1 中。缺陷最深处表明了管道壁厚最薄的位置，容易进一步发展形成孔洞，因此该处管道较为危险，需要重点

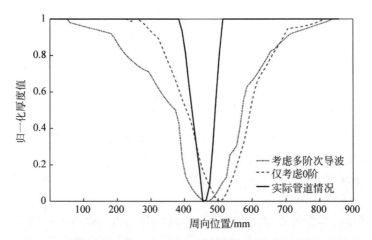

图 4.14 距发射换能器 100 mm 处沿管道周向的缺陷成像值的分布

进行防护。在本案例中,实际缺陷最深处的周向位置为 454 mm,通过三阶次螺旋兰姆波成像和初至波包成像获得的缺陷最深处的周向位置分别为 464 mm 和 505 mm。进一步地,计算出定位相对误差,分别为 2.2% 和 11.2%。结果表明,利用更多阶次的螺旋兰姆波,即更多螺旋角度传播的导波,可在缺陷定位中具有较高的精度,而仅利用初至波包进行成像得到的定位与实际位置相比存在较大的误差。因此,不仅在成像的分辨率上,而且在缺陷最深处的定位精度上,多螺旋导波的成像结果均优于传统的直达波包成像。

表 4.1 缺陷最深处的定位误差

成像方案	计算位置/m	实际位置/m	相对误差/%
三阶次螺旋兰姆波成像	464	454	2.2
直达波包成像	505	454	11.2

在概率性重构的理论中,这种成像方法利用了声波为直线传播的假设。直射线的近似非常适用于高频率的情况(如 X 射线、γ 射线等)。但螺旋兰姆波的频率不太高,通常情况下处于几百千赫兹的范围,因此,利用直射线近似会产生一定的误差。在遇到缺陷时,可能会出现声射线弯曲现象,从而改变波的传播路径。这样,利用直射线近似进行成像的分辨率就会降低。与基于波场的层析成像方法相比,该方法计算迅速,但分辨率存在不足。然而,波场成像法涉及复杂的成像模型,求解需要长时间的计算并消耗大量的

存储空间。综上所述，本章所提方法具有计算简单快速的优势，在考虑多个阶次的螺旋兰姆波进行成像时，能够改善缺陷的图像分辨率和对缺陷最深处的定位精度。

4.6 本章小结

本章提出了基于直射线近似的低分辨率螺旋兰姆波层析成像模型和方法，详细阐述了成像的方法和步骤，并针对管道单缺陷案例、双缺陷案例和实际复杂缺陷，对所提出的基于直射线近似的螺旋兰姆波层析成像模型和方法进行了验证。

具体地，本章首先建立了管道多螺旋导波直线传播模型。螺旋兰姆波可以沿着管道结构以多角度的螺旋形式传播，为了更好地分析，将管道扩展为扁平的板状结构，并做周期性地复制，从而定义了螺旋导波的阶次，用以表示沿管道传播多周的导波。随后，根据检测信号和基准信号的相位差建立概率性重构方法，该方法基于信号差异系数获取直射线路径上的缺陷分布估计，进一步进行融合得到成像值。本章考虑利用总共三阶次螺旋导波，以改善图像的分辨率。

在方法验证环节，本章基于有限元仿真分析，获取管道存在单圆形缺陷的仿真接收信号，从而进行成像算法的实施。获得的图像结果表明，采用本书所提出的方法，可以对缺陷定位并刻画缺陷区域。管道中同时存在两个圆形缺陷的成像结果显示，尽管在这两个缺陷之间的中间部分存在一定的成像值，但是仍然可以辨识出存在两个缺陷。进一步地，开展了实际复杂缺陷的试验研究和相应的比较分析。结果证明，使用多个阶次的螺旋兰姆波成像，相比于仅利用直达波包的方案，获得的图像值具有更高的分辨率。另外，将图像值转换为相对的缺陷深度值之后，对于缺陷最深处的定位，多螺旋兰姆波方案仍具有较高的精度。因此，该方法为实际中的缺陷成像提供了一种潜在的实用方法。

需要补充说明的是，本章提出的方法的主要优势在于原理明晰和计算速度较快。然而，以该方法得到的缺陷成像的分辨率不高，且缺乏量化能力，这是由基于直射线近似的概率性重构方法自身的局限所决定的。在第 5 章，将研究基于超声波动方程的缺陷层析成像方法，以得到量化的高分辨率的缺陷成像。

第5章 基于超声衍射的高分辨率螺旋导波层析成像

5.1 本章引论

第4章提出了一种基于直射线近似的快速螺旋导波层析成像方法。该方法建立了管道多螺旋角度导波传播模型,并利用检测信号与基准信号的差异系数构建成像方法,融合三阶次的螺旋兰姆波实现管道缺陷的可视化。该方法原理清晰简明,计算速度快,效率较高;但其具有偏定性的特点,无法对缺陷的深度和轮廓进行数值上的精确量化,且获得的缺陷图像分辨率较低,对于小缺陷的成像将会变得难以辨识。

在第4章的小结部分已经提及,本章将开展定量的高分辨率的层析成像算法研究。在利用X射线进行层析时,由于X射线的频率较高,考虑其沿直线穿透物体非常合理。然而,对于超声导波,当频率较高、波长较短时,超声波尚可以近似为直线传播。但当激励的频率较低,而物体尺寸与波长相当或者小于波长时,声波的衍射不可避免。因此,需要考虑实际待检测物体中分布的超声波场情况,研究相关的缺陷成像方法。另外,在目前的缺陷成像中,大多激发的是平面波,且可以沿物体360°无死角地开展旋转检测,而在进行管道结构的螺旋兰姆波成像时,还需要结合波源形式和入射角度做相应的分析与调整。

第2章设计的电磁超声换能器利用电磁场激发声场,具有非接触的优势,但是该换能器尺寸不小,其在管道周向排布时,能够布置的个数有限,因此在采样时无法在空间维度上密集地采集超声信号。由于导波的衰减特性,高阶次的螺旋导波的信号将变得非常微弱,能够有效利用的阶次也非常有限。由于换能器是沿管道周向双环型布置,导波的入射角度和散射角度也会面临一定的局限,无法像X射线检测那样覆盖全部角度。因此,相比于传统的X射线层析成像,电磁超声螺旋兰姆波成像将成为有限视角、有限数据的图像重建问题。对于该欠采样问题或不完全投影数据,需要寻求更有效的解决方案,以达到高分辨成像的目标。

本章根据管道双环型阵列的换能器布置方式,试提出一种基于超声衍射的高分辨率层析成像方法。由于获得的投影有限,基于压缩感知的思路,将图像重建转换为优化问题。为了验证有限投影下的波动层析成像模型的有效性,使用阶梯状缺陷进行成像验证,并定义壁厚最薄处的厚度估计误差和图像的均方根误差进行成像结果的量化分析。对于第 4 章中使用的复杂缺陷,也根据本章所提出方法开展试验验证,使用波动层析成像方法获取管道厚度分布。进一步地,与仅用 0 阶次螺旋兰姆波比较,以证明利用多阶次螺旋兰姆波进行成像的优势。

5.2　针对跨孔层析的傅里叶衍射定理

本节基于超声波场的波动方程,建立用于跨孔层析的傅里叶衍射定理,为基于环绕管道的双阵列换能器进行导波成像的模型奠定理论基础。

在 X 射线 CT 中,傅里叶中心切片定理构成了层析重建的数学机理,该定理基于 X 射线频率较高进而沿直线传播的特征。在超声波层析中,当波长和物体尺寸相当时,波的衍射将难以忽略,因此,傅里叶中心切片定理不再适用。基于平面波入射和传感器沿物体周围环形的旋转,研究人员建立了傅里叶衍射定理[127]。该定理将超声波的投影值与物体的二维傅里叶变换建立联系,其示意如图 5.1 所示。

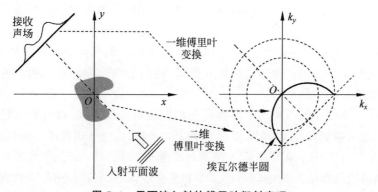

图 5.1　平面波入射的傅里叶衍射定理

具体地,当平面波以某一个角度穿过物体,在透射超声方式下,于物体另一侧接收超声信号,该过程称为"投影"。通常,接收换能器采用线阵的方式,即在一段直线区域内布置多个接收换能器进行超声波的接收。对接收到的投影值做一维傅里叶变换,其对应于物体二维傅里叶变换得到的频率空间中的一条半圆弧上的取值,该半圆弧称为"埃瓦尔德半圆"。通过旋转发射和接收线阵,得到不同入射方向的投影值,进行一维傅里叶变换后得到的半圆弧可以覆盖频率空间中的一个圆形区域。通过对此圆形区域进行二维傅里叶逆变换,则可以实现对被检测构件上缺陷的层析成像。

然而,本书研究的是管道中传播的螺旋导波,由换能器激发的螺旋兰姆波以扇束的形式穿过待检测区域到达接收阵列。该换能器可以看作产生扇形声束的点源,故产生的声波并非平面波,且换能器无法沿物体周围做环形的移动检测。为了解决上述问题,接下来考虑跨孔衍射层析的情况。

对于存在缺陷的管道,将其类比为各向异性介质。在各向异性介质中,超声波动方程的一般表达式为

$$[\nabla^2 + k(\bm{r})^2]u(\bm{r}) = 0 \tag{5.1}$$

其中,$k(\bm{r})$为波数;u为声场幅度;$\bm{r}$为位置矢量。

波数可以进一步表示为折射系数的函数:

$$k(\bm{r}) = k_0(\bm{r})n(\bm{r}) \tag{5.2}$$

其中,$n(\bm{r})$为折射系数;$k_0(\bm{r})$为背景声场中的波数,在管道缺陷成像时,即为健康区域处的波数。折射系数可以由波速的比值进行计算:

$$n(\bm{r}) = \frac{c_0}{c(\bm{r})} \tag{5.3}$$

其中,c_0为背景声场波速;$c(\bm{r})$为缺陷区域的波速。

将式(5.2)代入式(5.1),并在等号左右两端做简单调整,得到如下形式:

$$[\nabla^2 + k_0(\bm{r})^2]u(\bm{r}) = -k_0(\bm{r})^2[n^2(\bm{r}) - 1]u(\bm{r}) \tag{5.4}$$

进一步地,式(5.4)可以表示为

$$[\nabla^2 + k_0(\bm{r})^2]u(\bm{r}) = -o(\bm{r})u(\bm{r}) \tag{5.5}$$

其中,$o(\bm{r})$为目标函数,其是未知变量折射系数的函数:

$$o(\bm{r}) = -k_0(\bm{r})^2[n^2(\bm{r}) - 1] \tag{5.6}$$

接收到的波场对应的是散射场。超声总场可以分解表示为入射场和散射场的总和:

$$u(\bm{r}) = u_0(\bm{r}) + u_s(\bm{r}) \tag{5.7}$$

其中，$u_0(\boldsymbol{r})$为入射场；$u_s(\boldsymbol{r})$为散射场。$u_0(\boldsymbol{r})$满足波动方程：

$$[\nabla^2 + k_0(\boldsymbol{r})^2]u_0(\boldsymbol{r}) = 0 \tag{5.8}$$

将式(5.7)和式(5.8)代入式(5.5)，可以得到：

$$[\nabla^2 + k_0(\boldsymbol{r})^2]u_s(\boldsymbol{r}) = -u(\boldsymbol{r})o(\boldsymbol{r}) \tag{5.9}$$

关于式(5.9)给出详细的解释：已知接收到的波场$u_s(\boldsymbol{r})$，求解目标函数$o(\boldsymbol{r})$，随后根据式(5.6)，即可获得折射系数的分布情况。而折射系数与波速有关，如式(5.3)所示，其中的波速$c(\boldsymbol{r})$对应于导波的相速度。由导波的频散曲线可知，相速度是频厚积的函数，即厚度会影响相速度，因此，根据相速度可以推算得知缺陷处厚度分布情况，达到层析成像的目的。式(5.9)等号的右边项称为"源项"，该式可以借助格林函数(Green's function)求解。格林函数描述了点源产生的场，其表达式为

$$[\nabla^2 + k_0(\boldsymbol{r})^2]g(\boldsymbol{r},\boldsymbol{r}') = -\delta(\boldsymbol{r}-\boldsymbol{r}') \tag{5.10}$$

其中，δ为狄拉克函数，等号右边表示位于$\boldsymbol{r}'$处的点源。

对式(5.9)等号右边的源项，可以用点源表示为

$$u(\boldsymbol{r})o(\boldsymbol{r}) = \int u(\boldsymbol{r}')o(\boldsymbol{r}')\delta(\boldsymbol{r}-\boldsymbol{r}')\mathrm{d}\boldsymbol{r}' \tag{5.11}$$

因此，式(5.9)关于散射场的解可以用格林函数表示为

$$u_s(\boldsymbol{r}) = \int u(\boldsymbol{r}')o(\boldsymbol{r}')g(\boldsymbol{r},\boldsymbol{r}')\mathrm{d}\boldsymbol{r}' \tag{5.12}$$

目前还尚未获得散射场的最终结果，因为式(5.12)等号的右边项还包含总场。进一步将式(5.7)代入式(5.12)，可得：

$$u_s(\boldsymbol{r}) = \int u_0(\boldsymbol{r}')o(\boldsymbol{r}')g(\boldsymbol{r},\boldsymbol{r}')\mathrm{d}\boldsymbol{r}' + \int u_s(\boldsymbol{r}')o(\boldsymbol{r}')g(\boldsymbol{r},\boldsymbol{r}')\mathrm{d}\boldsymbol{r}' \tag{5.13}$$

相比于入射场，散射场幅度较小，其带来的影响很小，略去等号右边的第二项，得到一阶Born近似：

$$u_s(\boldsymbol{r}) = \int u_0(\boldsymbol{r}')o(\boldsymbol{r}')g(\boldsymbol{r},\boldsymbol{r}')\mathrm{d}\boldsymbol{r}' \tag{5.14}$$

式(5.14)即建立了散射场和目标函数的关系。接下来，考虑螺旋导波的入射情况。换能器在管道中激发的导波不仅沿轴向传播，也会沿螺旋线传播，这种情况下可将其看作点源入射，因此入射波场u_0可以用格林函数表示。对此，式(5.14)重新表示如下：

$$u_s(\boldsymbol{r}_r,\boldsymbol{r}_t) = \int g(\boldsymbol{r}',\boldsymbol{r}_t)o(\boldsymbol{r}')g(\boldsymbol{r}_r,\boldsymbol{r}')\mathrm{d}\boldsymbol{r}' \tag{5.15}$$

其中，r_t 表示激发点源即发射换能器的位置；r_r 表示接收波场的位置，对应于接收换能器的坐标。

进一步地，对于二维平面情况，格林函数可以表示为

$$g(\boldsymbol{r},\boldsymbol{r}') = \frac{\mathrm{j}}{4} H_0^{(1)}(k_0 \mid \boldsymbol{r} - \boldsymbol{r}' \mid) \tag{5.16}$$

其中，$H_0^{(1)}$ 表示零阶第一类汉克尔函数（Hankel function）。将格林函数代入式(5.15)，随后对等号两边分别做二维傅里叶变换，具体地，均沿发射线和接收线做两重傅里叶变换，结果表示为

$$U(k_r,k_t) = \int o(\boldsymbol{r}') G(k_r,\boldsymbol{r}') G(k_t,\boldsymbol{r}') \mathrm{d}\boldsymbol{r}' \tag{5.17}$$

其中，k_t 和 k_r 分别为沿着发射线和接收线的波数；$G(k_t,\boldsymbol{r}')$ 和 $G(k_r,\boldsymbol{r}')$ 为对应格林函数的傅里叶变换，可以表示为[128]

$$\begin{cases} G(k_t,\boldsymbol{r}') = \dfrac{\mathrm{j}}{2} \dfrac{\mathrm{e}^{\mathrm{j}l_t d_t}}{l_t} \mathrm{e}^{-\mathrm{j}k_0 \hat{\boldsymbol{t}} \cdot \boldsymbol{r}'} \\ G(k_r,\boldsymbol{r}') = \dfrac{\mathrm{j}}{2} \dfrac{\mathrm{e}^{\mathrm{j}l_r d_r}}{l_r} \mathrm{e}^{-\mathrm{j}k_0 \hat{\boldsymbol{r}} \cdot \boldsymbol{r}'} \end{cases} \tag{5.18}$$

其中，$\hat{\boldsymbol{t}}$ 和 $\hat{\boldsymbol{r}}$ 分别为朝向发射线和接收线的单位向量；d_t 和 d_r 分别为原点到发射线和接收线的垂直距离；l_t 和 l_r 分别为垂直于发射线和接收线方向的波数，并满足关系式：

$$\begin{cases} l_t = \sqrt{k_0^2 - k_t^2} \\ l_r = \sqrt{k_0^2 - k_r^2} \end{cases} \tag{5.19}$$

将式(5.18)代入式(5.17)，可以得到结果：

$$4 l_r l_t U(k_r,k_t) \mathrm{e}^{-\mathrm{j}(l_r d_r + l_t d_t)} = O(k_0(\hat{\boldsymbol{r}} - \hat{\boldsymbol{i}})) \tag{5.20}$$

其中，O 为所建立目标函数 $o(\boldsymbol{r})$ 的二维傅里叶变换；$\hat{\boldsymbol{i}}$ 为入射方向的单位向量，其为 $\hat{\boldsymbol{t}}$ 的反方向。

通过式(5.20)可以看出，超声波的投影值与目标函数在傅里叶空间建立了关系，该式即为跨孔层析的傅里叶衍射定理。为了更方便地理解该式，做出相应的示意图，如图5.2所示。对某一个激发点源，当在不同接收方向接收时，可以看出，在傅里叶空间，接收线的波场投影将转变为物体二维傅里叶变换中的一条埃瓦尔德半圆弧上的取值。下面，将记该傅里叶变换得到的空间为 k 空间。

假设 θ 为散射方向 $\hat{\boldsymbol{r}}$ 和接收线的夹角，φ 为入射方向 $\hat{\boldsymbol{i}}$ 和发射线的夹

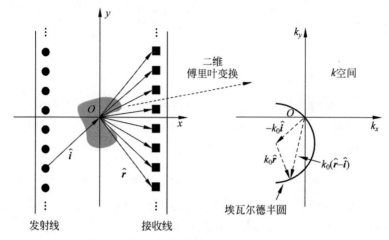

图 5.2 换能器布置和对应的频域采样分布

角,则有

$$\begin{cases} k_r = k\cos\theta, & l_r = k\sin\theta \\ k_t = k\cos\varphi, & l_t = k\sin\varphi \end{cases} \quad (5.21)$$

对于跨孔层析成像,考虑换能器的布置,进一步将方向向量表示为坐标(k_x,k_y)的形式,可以得到:

$$4l_r l_t U(k_r,k_t)\mathrm{e}^{-\mathrm{j}(l_r d_r + l_t d_t)} = O(l_r - l_t, k_r + k_t) \quad (5.22)$$

其中,在k空间对应的坐标(k_x,k_y)为

$$\begin{cases} k_x = l_r - l_t \\ k_y = k_r + k_t \end{cases} \quad (5.23)$$

理想情况下,发射线和接收线为无限长,即布置无穷多的换能器,则角度取值表示为$0 \leqslant \theta \leqslant \pi, 0 \leqslant \varphi \leqslant \pi$。不同的发射换能器轮流处于激发状态,所有接收换能器进行波场接收,则绘制的k空间将填满一些区域,具体如图5.3所示。在k空间,所有的取值范围构成了两个圆形区域。

然而,在实际管道螺旋导波检测中,信号会随着传播距离的增加而衰减,当螺旋导波的阶次数较高时,信噪比过低,有用信息难以提取。因此无法考虑无穷高阶次的螺旋导波,即换能器无法向阵列两边无限延伸,故入射角的范围缩小为$0 < \varphi < \pi$,散射角的范围缩小为$0 < \theta < \pi$。更新过后的符合实际情况的螺旋导波跨孔层析傅里叶衍射定理k空间如图5.4所示,可以看出,空间频率的覆盖范围有所减少。

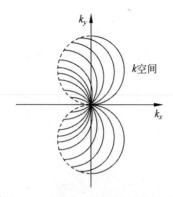
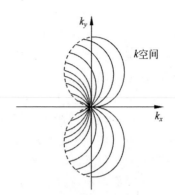

图 5.3　无限长发射线和接收线的
　　　　跨孔层析 k 空间

图 5.4　有限长发射线和接收线的
　　　　跨孔层析 k 空间

5.3　压缩感知波动层析成像模型

由跨孔层析的傅里叶衍射定理可知,从超声波透射的投影值得到的 k 空间取值 (k_r,k_t) 分布在埃瓦尔德半圆上。而为了通过二维傅里叶逆变换得到目标函数,需要获取空间中均匀网格点 (k_x,k_y) 上的取值,该网格点是通过常规的矩形划分得到的。

埃瓦尔德半圆上分布的网格点 (k_r,k_t) 和均匀网格点 (k_x,k_y) 的对应关系可以通过计算求得,具体地,对于 k 空间中的第一、三象限:

$$\begin{cases} k_r = \dfrac{k_y}{2} - \dfrac{1}{2}|k_x|\sqrt{\dfrac{4k_0^2}{k_x^2+k_y^2}-1} \\ k_t = \dfrac{k_y}{2} + \dfrac{1}{2}|k_x|\sqrt{\dfrac{4k_0^2}{k_x^2+k_y^2}-1} \end{cases} \quad (5.24)$$

对于 k 空间中的第二、四象限:

$$\begin{cases} k_r = \dfrac{k_y}{2} + \dfrac{1}{2}|k_x|\sqrt{\dfrac{4k_0^2}{k_x^2+k_y^2}-1} \\ k_t = \dfrac{k_y}{2} - \dfrac{1}{2}|k_x|\sqrt{\dfrac{4k_0^2}{k_x^2+k_y^2}-1} \end{cases} \quad (5.25)$$

考虑离散的情况,通常直角坐标系下均匀分布的网格点 (k_x,k_y) 不会与获得的埃瓦尔德半圆上的 (k_r,k_t) 节点完全对应,因此需要对 (k_r,k_t) 进行插值处理。在常用的双线性插值过程中,因其精度不高,会在空间频域值处引入误差。在得到均匀分布的空间频域值后,通过二维傅里叶逆变换,则可解得目标函数并得到重建图像。然而,频域插值会对重建图像带来误差,降低准确度。同时,由于换能器具有一定的体积,能够在管道圆周方向布置的个数有限,意味着进行空间采集的采样间距较大,采样数目非常有限。除此之外,离散入射角和散射角个数也有限,导致空间频率的分布较为稀疏,故进行频域插值并不是合理的方案。因此,需要寻求有效的解决方法,以高精度地恢复出待重建的图像。

为了更好地描述成像模型,上述傅里叶衍射定理可以简记为

$$F_{1D}\{u_s(r_r,r_t)\} = F_{2D}\{o(x,y)\} \tag{5.26}$$

其中,F_{1D} 表示一维傅里叶变换;F_{2D} 表示二维傅里叶变换。考虑实际的离散采样,将连续形式转变为离散形式,该问题抽象为逆问题并表示如下:

$$U = \boldsymbol{F} \cdot o \tag{5.27}$$

其中,U 为已知的测量数据,即散射场投影对应的 k 空间数据;$\boldsymbol{F}$ 为投影方法形成的系统矩阵;o 为成像空间。式(5.27)的含义是:已知数据 U 和建模方法 $\boldsymbol{F}$,求取成像空间 o。

直接求解二维傅里叶逆变换并不现实,主要是因为在本问题中,由于欠采样,所获得的导波投影属于不完全投影,直接通过逆运算无法得到高精度的图像重建。因此,一般将其转换为优化问题,典型的数学表达式为

$$o = \underset{o \geqslant 0}{\operatorname{argmin}}\{\psi(o)\}, \text{s.t.} \ \|U - \boldsymbol{F} \cdot o\|_2^2 \leqslant \varepsilon \tag{5.28}$$

其中,等号右边的第一项为增加的罚函数,一般利用图像自身的特性进行构建;第二项为数据保真项,用来控制求解的量和真实值之间的差距,以保证结果的准确性。

5.3.1 非均匀快速傅里叶变换

常规的快速傅里叶变换(fast Fourier transform,FFT)是从均匀网格点变换到均匀网格点。在式(5.26)的成像模型中,需要计算目标函数的傅里叶变换。目标函数 $o(x,y)$ 经过在 x 轴和 y 轴方向均匀的离散化后,可以直接利用二维傅里叶变换计算得到 k 空间的取值,且这些取值的网格点是在 k 空间均匀分布的。然而,投影值 $u_s(r_r,r_t)$ 的傅里叶变换 U 在 k 空间是非均匀分布的,其分布于一条条埃瓦尔德圆弧上。每一次迭代过程都需要比较目标函数和测得的投影值在 k 空间中的差距,以约束待求解的目标函数,达到数据保真的目的。为了进行有效的比较,需要计算目标函数

$o(x,y)$ 在非均匀网格点 (k_r,k_t) 上的值,即得到二维 k 空间中埃瓦尔德半圆上的采样值,相应的数学公式表示如下:

$$O(k_r,k_t) = F_{2D}\{o(x,y)\} \tag{5.29}$$

非均匀快速傅里叶变换(non-uniform FFT,NUFFT)提供了一种从均匀网格点到非均匀网格点,或从非均匀网格点到均匀网格点的途径。通过 NUFFT 得到计算式(5.29)的一种基本思想是:先将数据变换到采样较密的均匀傅里叶基上,再做插值处理,并做非均匀取样,从而获得非均匀网格点处的傅里叶变换系数,其流程如图 5.5 所示。

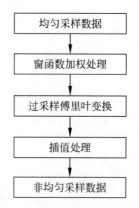

图 5.5 非均匀傅里叶变换流程图

为简化起见,以下给出将一维均匀采样的数据变换到非均匀的频域点处的过程。对离散数据 $x(n), n=1,2,\cdots,N-1$,常规的离散傅里叶变换表示为

$$X(\omega) = \sum_{n=0}^{N-1} x(n) \mathrm{e}^{-\mathrm{j}\frac{2\pi}{N}n\omega} \tag{5.30}$$

其中,ω 为均匀分布的频域点。如果需要获取非均匀处的傅里叶变换值,可以表示为

$$X(\omega_m) = \sum_{n=0}^{N-1} x(n) \mathrm{e}^{-\mathrm{j}\frac{2\pi}{N}n\omega_m} \tag{5.31}$$

其中,$\omega_m,m=1,2,\cdots,M$ 分布在频域的非均匀位置处,可以根据实际情况进行频域点的选择。

当计算规模较大时,难以直接计算式(5.31)。因此,采用非均匀快速傅里叶变换,其基本公式如下:

$$\hat{X}(\omega_m) = \sum_{k=0}^{Z-1} i_{mk}^* Y_z, \quad z = 0, 1, \cdots, Z-1 \tag{5.32}$$

其中,"$*$"为共轭操作;i_{mk}为插值系数,对频域非均匀位置处的临近区域进行插值处理;Y_z为引入权重的FFT变换,表达式如下:

$$Y_z = \sum_{n=0}^{N-1} s_n x_n \mathrm{e}^{-\mathrm{j}\frac{2\pi}{Z}zn} \tag{5.33}$$

其中,s_n为尺度因子,起到对后面的插值操作进行预补偿的作用。

考虑均一的尺度因子,即当s_n全取为1时,将式(5.32)表述为矩阵形式[129]:

$$X \approx \Gamma x = I_p \Psi x \tag{5.34}$$

其中,Γ称为"NUFFT算子";I_p为插值算子;Ψ为过采样的均匀傅里叶基。

在式(5.34)中,Ψ为标准FFT过程中的傅里叶基,只是频率经过了细化处理;而插值算子表示使用非均匀网格点临近的p个均匀采样值进行插值计算,该算子可以进一步考虑优化。

也可以将式(5.31)表示为矩阵形式:

$$X = \psi x \tag{5.35}$$

其中,$\psi = [\psi_1, \cdots, \psi_m, \cdots, \psi_M]$为非均匀的傅里叶基。Min-Max准则通过最小化最差情况下的误差获取最佳的插值算子[130]。该准则的含义为,对于归一化二范数的信号x,通过式(5.36)优化选择插值算子的每一行:

$$\min_{i_m} \max_{\|x\|_2 \leqslant 1} (\| i_m \Psi_p^m x - \psi_m x \|_2^2) \tag{5.36}$$

其中,i_m为插值算子的第m行;Ψ_p^m为均匀傅里叶基在目标非均匀采样ψ_m处附近的p个元素。式(5.36)中,误差将在边界处(即满足$\|x\|_2 = 1$处)取得,进一步可以化简为

$$\min_{i_m} (\| i_m \Psi_p^m - \psi_m \|_2^2) \tag{5.37}$$

式(5.37)为常见的最优化问题的形式,通过最小二乘法,获得其解析解为

$$i_m = \psi_m \Psi_p^{mH} (\Psi_p^m \Psi_p^{mH})^{-1} \tag{5.38}$$

其中,上标H表示共轭转置。

至此,即可得到优化的插值算子,而该算子可以提前计算,从而在迭代求解待重构的图像时直接使用。

上述NUFFT过程描述的是将均匀网格点变换到非均匀网格点的过

程,其称为"第二类离散傅里叶变换(discrete time Fourier transform, DTFT)问题"。第一类 DTFT 问题为将非均匀网格点变换到均匀网格点,其可以通过同样的思路进行快速计算。需要说明的是,上述 NUFFT 考虑的是一维的情况,而在超声层析中,面临的是二维的 k 空间问题,通过在两个方向计算,即可以将一维 NUFFT 扩展到二维的情况。

5.3.2 有限投影下的层析重建

在 X 射线 CT 中,可以在 180°范围内旋转传感器,以进行完全的平行束投影,且探测器体积较小,可以排列成密集阵列进行数据采集。而在电磁超声螺旋导波场景下,管道周围能够布置的换能器个数有限,即使考虑多阶次的螺旋导波,投影数据依然不完备,属于欠采样问题。

由于投影数目有限,考虑使用基于压缩感知的层析重建。基于跨孔层析的傅里叶衍射定理,将管道缺陷的层析成像转换为最小化的优化问题,如式(5.28)所示。为了利用压缩感知从不完全投影中重建出缺陷图像,引入约束条件及可能的先验条件,构建式(5.28)中的罚函数,通过迭代求解该优化问题,以提高重建图像的质量。对本章而言,图像即为目标函数 o,随后即可根据频散曲线获得管道的厚度分布图像。

(1) 全变分稀疏

图像往往很难是稀疏的,但是通常其梯度幅度图像是稀疏的。图像的梯度幅度可以表示为离散梯度的二范数,对本章需要求解的目标函数 o,其梯度为

$$|\nabla o|_{i,j} = \sqrt{(o_{i,j} - o_{i-1,j})^2 + (o_{i,j} - o_{i,j-1})^2} \quad (5.39)$$

因此,在罚函数中添加全变分(total variation)项来衡量梯度幅度的稀疏性,即优化梯度幅度的一范数,数学表达式为

$$\mathop{\mathrm{argmin}}_{o \geqslant 0}(\alpha \cdot \mathrm{TV}(o)) = \alpha \| |\nabla o| \|_1$$
$$= \alpha \sum_{i,j} \sqrt{(o_{i,j} - o_{i-1,j})^2 + (o_{i,j} - o_{i,j-1})^2}$$
$$(5.40)$$

其中,$\mathrm{TV}(o)$ 为全变分项;α 为其在罚函数中的权重。通过添加此稀疏度限制条件,可以增加迭代求解过程的稳定性。

为了获取最小化的全变分项,可以通过迭代方法进行求解,本书采用梯度下降法(gradient descent)。其过程陈述如下。

首先,根据全变分项的梯度寻找搜索方向,即计算:
$$\begin{cases} g^{(t-1)} = \nabla \| o^{(t-1)} \|_{TV} \\ \hat{g}^{(t-1)} = \dfrac{g^{(t-1)}}{|g^{(t-1)}|} \end{cases} \quad (5.41)$$

其中,右上角的$(t-1)$指示迭代的次数。具体地,全变分项梯度的计算公式为

$$\begin{aligned}\nabla \| o \|_{TV} \approx & \frac{o_{i,j} - o_{i-1,j}}{\sqrt{(o_{i,j}-o_{i-1,j})^2 + (o_{i,j}-o_{i,j-1})^2 + \varepsilon}} + \\ & \frac{o_{i,j} - o_{i,j-1}}{\sqrt{(o_{i,j}-o_{i-1,j})^2 + (o_{i,j}-o_{i,j-1})^2 + \varepsilon}} - \\ & \frac{o_{i+1,j} - o_{i,j}}{\sqrt{(o_{i+1,j}-o_{i,j})^2 + (o_{i+1,j}-o_{i+1,j-1})^2 + \varepsilon}} - \\ & \frac{o_{i,j+1} - o_{i,j}}{\sqrt{(o_{i,j+1}-o_{i,j})^2 + (o_{i,j+1}-o_{i-1,j+1})^2 + \varepsilon}} \end{aligned}$$
$$(5.42)$$

其中,ε为取值很小的正数,以防止计算过程中分母成为0值。

下一步的更新是:
$$o^{(t)} = o^{(t-1)} - \lambda^{(t-1)} \cdot \hat{g}^{(t-1)} \quad (5.43)$$

其中,$\lambda^{(t-1)}$为每一步的步长值,可以定义为
$$\lambda^{(t-1)} = c \cdot \| o^{(2,t-1)} - o^{(1,t-1)} \|_2^2 \quad (5.44)$$

其中,c为常数;$o^{(1,t-1)}$和$o^{(2,t-1)}$分别为执行数据保真项前后的目标函数o。c的取值可以用于平衡全变分的稀疏性和数据保真项。

(2) 字典学习

除了图像的全变分稀疏性,还可以利用稀疏表示的概念进一步完善层析成像优化问题的罚函数。

在图像压缩领域,通常会使用已经设计完善的正交基函数进行图像的稀疏表示,如离散余弦变换的余弦函数、小波变换的小波基等。然而,这些基函数都是固定的,是针对特定图像的,不一定能够获得对图像的最佳稀疏表示。因此,可将正交基转换到字典(dictionary)的范畴。字典学习(dictionary learning)通过动态调整字典的思路,使得在变换域得到的系数尽可能稀疏。数学模型表示为

$$o = \boldsymbol{D}a \tag{5.45}$$

其中，$\boldsymbol{D}$ 为字典，该矩阵的每一列称为一个原子(atom)；a 为稀疏系数。基于 K-Means 聚类的过程，K-SVD 方法可以交替进行稀疏编码(sparse coding)和字典学习，最终获得对数据进行稀疏表示的字典[115]。字典学习的目标可以表示为

$$\min_{\boldsymbol{D}}(\|o - \boldsymbol{D}a\|_2^2 + \beta \|a\|_0) \tag{5.46}$$

其中，β 为拉格朗日因子。式中的第一项保证稀疏表示的准确性；第二项为系数 a 的稀疏性，即 a 的零范数要最小化，其非零值要尽可能少。

在 K-SVD 算法初始化阶段，需要给定数据和初始的字典矩阵，该初始矩阵可以通过随机的方式给出，随后其过程主要分为两步，第一步为稀疏编码，利用初始字典计算系数，表示如下：

$$\min_{a}(\|o - \boldsymbol{D}a\|_2^2 + \beta \|a\|_0) \tag{5.47}$$

式(5.47)为经典的 NP 难问题，可以通过追踪算法实现，如匹配追踪和正交匹配追踪(orthogonal matching pursuit)方法。

在获取系数后开始第二步——更新字典矩阵。字典是通过优化每一列的方式更新的，将字典的第 i 列记为 d_i，系数的第 i 行记为 a_i^T，待优化的函数可表达为

$$\begin{aligned}\min_{d_j}(\|o - \boldsymbol{D}a\|_2^2) &= \left\| o - \sum_{i=1} d_i a_i^\mathrm{T} \right\|_2^2 \\ &= \left\| \left(o - \sum_{i \neq j} d_i a_i^\mathrm{T}\right) - d_i a_i^\mathrm{T} \right\|_2^2 \\ &= \| E_i - d_i a_i^\mathrm{T} \|_2^2 \end{aligned} \tag{5.48}$$

从式(5.48)可以看出，E_i 为去掉第 i 列原子时的稀疏表示的误差。该式的含义即为，选择合适的 d_i，使得总误差最小，从而达到优化第 i 列原子 d_i 的目标。为了获取 d_i，将 E_i 做奇异值分解(singular value decomposition，SVD)，即

$$E_i = \boldsymbol{U} \Delta \boldsymbol{V}^\mathrm{T} \tag{5.49}$$

进一步地，根据 SVD 分解过后得到的三个矩阵的含义，认为第 i 列原子 d_i 应取为矩阵 $\boldsymbol{U}$ 的第一列，而 a_i 为矩阵 $\boldsymbol{V}$ 的第一列和 $\Delta(1,1)$ 的乘积。

若字典总共有 K 个原子，则完成 K 次 SVD 分解，可以得到所有的优化后的原子。随后判断是否满足迭代终止条件，否则继续进行第一步稀疏编码。

该算法的流程如图 5.6 所示。迭代终止条件为字典表示和原图像的差距小于阈值，表达式为

$$\|o - Da\|_2^2 \leqslant \varepsilon_2 \tag{5.50}$$

需要说明的是，对于一张大的图像而言，通常将其分为一个一个的图像块，如选取大小为 7×7 像素作为图像块。不同的图像块之间可以有重叠区域。随后，将不同的图像块用于字典学习，最终训练出对整个图像进行稀疏表示的字典。

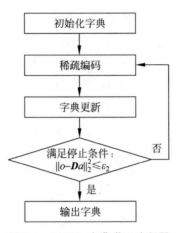

图 5.6　K-SVD 字典学习流程图

5.3.3　压缩感知求解模型

结合全变分项和字典稀疏表示，压缩感知层析成像模型对应的总优化函数可以表述为

$$o = \underset{o \geqslant 0}{\arg\min}\{\alpha \cdot \mathrm{TV}(o) + \gamma(\|o - Da\|_2^2 + \beta \|a\|_0)\},$$

$$\text{s. t. } \|U - F \cdot o\|_2^2 \leqslant \varepsilon \tag{5.51}$$

其中，α 和 γ 为权重，取值均为 0~1，用来平衡全变分稀疏性和在字典投影下的稀疏性。

在该优化问题中，由于有多个需要考虑的环节，可以使用交替优化的方法。对于保真项，可以在 k 空间中将测量投影值计算得到的取值替换掉迭代过程中的估计值。对于全变分项，其微分可以求得，因此可以使用梯度相关的方法，前已述及，本书使用梯度下降法进行计算。对于字典稀疏表示项，通过 K-SVD 方法即可完成更新。在一次完整的迭代结束后，判断是否

满足迭代终止条件,若为否,则进入下一次迭代。迭代的终止条件为两次迭代获取的图像值之间的差距足够小,数学表达式为

$$\| o^{(2,t)} - o^{(2,t-1)} \|_2^2 \leqslant \varepsilon_3 \tag{5.52}$$

其中,$o^{(2,t)}$ 和 $o^{(2,t-1)}$ 为相邻的两次迭代中经过数据保真项之后获得的图像值。

关于执行数据保真项的步骤,具体阐述如下。

为实现数据的保真项,需要约束估计值和实测值在 k 空间中的差异,即迭代过程中的图像值 $o^{(t)}$ 和超声波场采样值变换到 k 空间后,在各个空间频率处取值之间的差异。

记由波场采样值通过一维傅里叶变换得到的空间频率取值为 $U_{\text{meas}}(k_r, k_t)$,其中空间频率位置 (k_r, k_t) 构成集合 Λ,由于仅在有限角度投影下能够获取波场数据,因此该集合包含的位置点数较少。

利用 NUFFT,将迭代过程中利用压缩感知估计的图像值 $o(x,y)$ 变换到 k 空间,当属于 Λ 中的网格点时,则根据数据保真项原则使用 $U_{\text{meas}}(k_r, k_t)$ 的值进行代替,其余网格点处的取值保持不变。随后,将 k 空间再变换回图像空间。用公式将上述过程表示如下:

$$\begin{cases} \hat{U}^{(t-1)} = F_{2D}(o^{(1,t-1)}) \\ U^{(t-1)} = \begin{cases} U_{\text{meas}}, & (k_r, k_t) \in \Lambda \\ \hat{U}^{(t-1)}, & \text{其他} \end{cases} \\ o^{(2,t-1)} = F_{2D}(U^{(t-1)}) \end{cases} \tag{5.53}$$

由于涉及均匀网格点与不均匀网格点之间的计算,均使用 NUFFT 的思路进行计算,插值算子和过采样算子可以提前计算并存储。

另外,在上述过程中,也可以额外施加其他约束(如非负性的约束),以校正迭代过程中的图像值。在管道层析成像中,由于描述折射率分布的图像 o 的取值满足非负数,需要施加关于非负性的约束。在式(5.53)计算完成后,直接将图像值中的负数项调整为 0 即可。

5.4 基于超声衍射的层析成像方法与步骤

本节针对实际利用管道螺旋导波进行缺陷检测的过程,结合 5.3 节提出的压缩感知波动层析成像模型,给出基于超声衍射的管道螺旋导波高分辨率层析成像方法及其具体实施步骤。

与第 4 章的换能器布置保持一致,将发射换能器阵列和接收换能器阵列布置于管道周向形成双阵列跨孔层析结构,当发射换能器阵列中某一发射换能器工作时,所有接收换能器都接收导波声场信号。为了对不同螺旋阶次的导波进行区分,同样使用第 4 章提到的 A_0 模态的恒群速度特性。基于超声衍射的方法,主要利用声场的幅度特征进行层析成像,具体流程如图 5.7 所示。

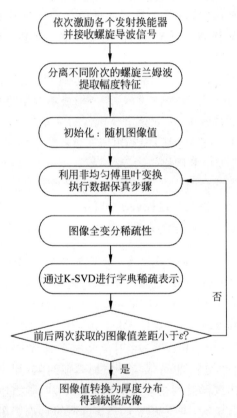

图 5.7 基于超声衍射的螺旋导波高分辨率层析成像方法流程图

关于流程图中的层析成像步骤,详细阐述如下:

(1) 轮流激励发射阵列中的 N 个发射换能器,在接收阵列 M 个接收换能器中获取导波信号,随后利用第 3 章和第 4 章的方法分离不同阶次的螺旋兰姆波,并提取波场的幅度特征。

(2) 接下来,基于跨孔层析傅里叶衍射定理,使用压缩感知,由有限的波场投影重建出管道图像。完成初始化工作,对于起始的图像值,可以通过随机的方式给出，并计算 NUFFT 需要的插值算子等。

（3）执行数据保真。有限的投影数据通过傅里叶变换得到的空间频率取值为 $U_{\text{meas}}(k_r,k_t)$。将迭代过程中的图像值 $o(x,y)$ 做二维傅里叶变换，得到在 k 空间的取值。在 k 空间中，当网格点与投影数据对应的空间频率位置一致时，使用 $U_{\text{meas}}(k_r,k_t)$ 替换。随后，再逆变换回图像空间，并做非负性校正。

（4）利用全变分项的稀疏性进行图像更新。根据图像的全变分项满足稀疏性的原则，使用梯度下降法，获取更新后的图像值。

（5）通过 K-SVD 进行字典学习的图像稀疏表示，得到优化后的字典，同时得到更新后的图像值。

（6）判断前后两次迭代获取的图像值之间的差距，若小于阈值，则进入下一步；若不小于阈值，则返回第（3）步，继续执行下一次迭代，直到达到终止条件。

（7）将求得的目标函数转换为折射率分布，进一步得到波速分布，随后利用导波的频散关系获得厚度分布，即重构出管道缺陷的层析成像图。

由于需要从有限视角的投影，通过压缩感知重建得到高精度的管道缺陷图像，上述步骤采用了迭代的思路，且涉及傅里叶变换、求解梯度和 SVD 分解等，因此存在一定的计算量。

下面将针对管道阶梯状缺陷情况开展有限元仿真，利用获取的信号进行波动层析高精度成像方法的验证，随后也将开展针对实际复杂腐蚀情况的试验验证。

5.5　阶梯状缺陷波动层析成像仿真试验验证

首先，利用有限元仿真获取信号，对所提出的基于超声衍射的高分辨率螺旋导波层析成像方法进行验证，有限元仿真的设置与第 4 章保持一致，区别在于搭建了不同的缺陷模型；且为了获取更多的投影数据，在管道周向布置了 10 个激励点和 10 个接收点。

在管道的几何模型上近距离地构建两个缺陷，且其中一处缺陷为变深度阶梯状缺陷，用于验证成像方法对深度的量化能力；另一处缺陷为常规的圆形缺陷，缺陷模型如图 5.8 所示。管道的直径为 273 mm，总厚度为 6 mm。其中，缺陷 A 为阶梯状缺陷，包含两级阶梯，记为外级和内级，外级为第一级,深度设置为 2 mm,内级为第二级,深度设置为 4 mm;缺陷 B 为圆形缺陷,深度设置为 2 mm。

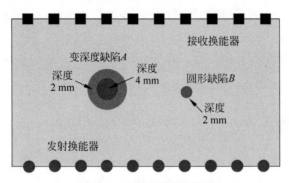

图 5.8 双缺陷模型示意图

随后开展了仿真计算工作,在激励点施加脉冲激励信号,与第 4 章所采用的脉冲一致,频率为 230 kHz,激发 A_0 模态的螺旋兰姆波,该模态导波具有恒群速度特性。在接收点接收散射声场,在计算机上进行运算提取波形的幅度信息,即为超声导波层析成像的投影数据。在上述激励频率和 6 mm 的壁厚情况下,螺旋兰姆波的相速度为 2522 m/s,进一步得到波长为 11 mm。波数和波长的关系为

$$k = \frac{2\pi}{\lambda} \quad (5.54)$$

因此,对于背景声场的波数 k_0(管道健康区域的波数),可以通过式(5.54)计算得到,为 0.57 mm^{-1}。基于跨孔层析的傅里叶衍射定理,对上述投影数据沿接收线做一维傅里叶变换,即可得到 k 空间中埃瓦尔德半圆上的取值。管道周向的 10 个激励点轮流产生螺旋兰姆波,并在 10 个接收点获取波形。考虑总共三个阶次的螺旋兰姆波,包括 0、+1 和 +2 阶次,这样当某一个发射点激发时,相当于总共有 30 个接收点在接收波场,理论上即有 30 个离散投影采样值。从入射角和散射角考虑,总共有 10 个导波入射方向,而每个入射方向对应 30 个散射方向。因此在 k 空间中,投影的傅里叶变换分布在 10 条圆弧上,每个圆弧上最多分布有 30 个离散点。相比于能够获取密集投影数据的 X 射线层析,电磁超声螺旋兰姆波能够获得的数据非常有限,其 k 空间存在较大范围的空白。

接下来利用压缩感知的求解模型进行不断迭代,得到目标函数图像 $o(x, y)$,进而计算得到厚度分布情况。在式(5.51)中,全变分稀疏性和字

典稀疏表示在总优化函数中的权重设置为相同值,即选取的权重值分别为 $α=0.5, γ=0.5$。字典学习中的拉格朗日因子 $β$ 的选取值为 0.3。执行完有限投影下的波动层析成像算法后,结果如图 5.9 所示,右侧的颜色图指示管壁的厚度值,即管道原始厚度值减去缺陷的深度值。为了便于分析和比较,设置的双缺陷也绘制到图中。

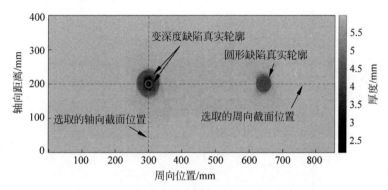

图 5.9 阶梯状缺陷波动层析成像结果(前附彩图)

可以看出,波动层析成像获得的管道轮廓分布与仿真的情况保持高度一致。具体地,对于阶梯状圆形缺陷 A,两级阶梯能够较为清楚地辨识出来,且两级阶梯处的厚度数值与设计值吻合。对于单圆形缺陷 B,其轮廓较为清晰。总体而言,层析成像得到的缺陷深度和轮廓均反映了设计情况,且相比于第 4 章中的概率性重构的缺陷成像结果,分辨率较高,达到了预期目标。但是,图像中也存在少量的伪影,主要存在于阶梯状缺陷附近以及两个缺陷的中间区域。因为在这些区域中,两级阶梯状缺陷 A 处的厚度变化较大,缺陷 A 与 B 之间也产生了一定的干扰,而能够采集的投影有限,即能够获取的空间频率的信息有限,基于图像稀疏性进行迭代重建时,难免会在图像中产生一些伪影,但并没有严重影响对缺陷的辨识。

为定量描述基于超声衍射的层析成像方法的缺陷深度估计精度和轮廓成像精度,选取经过缺陷的截面绘制出重建的厚度变化曲线。具体地,在图 5.9 中,选取水平的一个剖面和垂直的一个剖面,相应的位置均已经用虚线描绘,它们分别对应于管道被检测区域的周向截面和轴向截面。随后,将两个剖面相应的厚度值提取出来进行厚度变化展示,分别如图 5.10(a)和(b)所示。

图 5.10(a)是距离导波发射阵列 200 mm 处的管道周向截面厚度图,该截面经过两个缺陷。可以看出,重建得到的厚度变化趋势与仿真设计值

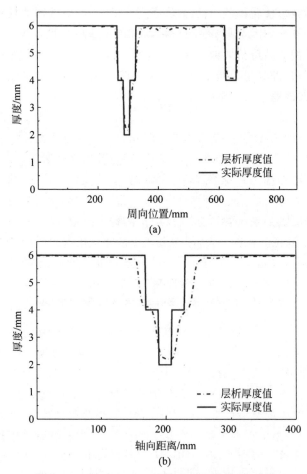

图 5.10 管道中经过缺陷的截面的厚度变化图
(a) 周向截面；(b) 轴向截面

基本吻合，特别是在阶梯状缺陷处，两级缺陷的深度估计值也较为准确。除此之外，厚度分布在缺陷的边缘处较为锐利，较好地体现了缺陷带来的厚度减小。图5.10(b)对应的是经过阶梯状缺陷的管道轴向截面厚度图。可以发现，相比于周向的厚度轮廓图，轴向的厚度轮廓图的准确度有所下降。具体地，在缺陷边缘的两边部分，厚度的变化出现明显的缓变趋势，缺陷的形状呈现拉长的趋势，缺陷范围超出了设计范围，因此缺陷边缘部分出现相对模糊的情况。

造成上述现象的主要原因在于管道缺陷层析成像所采用的换能器双环

型布置方式。由于管道的结构，布置了沿周向的双阵列发射和接收点，这种激发和接收方式下推导得到的是基于跨孔的傅里叶衍射定理，进一步得到波动成像模型。从跨孔傅里叶衍射定理中的 k 空间可以看出，投影的空间频率主要分布在图中的 y 轴方向，即平行于发射线或接收线的方向；而在 x 轴方向(管道轴向)分布的空间频率采样值较少。因此，在经过逆变换得到的缺陷图像中，管道周向的分辨率要优于轴向的分辨率。如果要改善图像结果，需要像 X 射线层析那样，应在更多角度补充激发和接收导波，并提取投影特征用于成像。

对于管道缺陷而言，估计缺陷的深度至关重要。缺陷最深处的地方对应的管壁最薄，易发生危险。除此之外，管壁的剩余厚度也是估计管道剩余寿命和实施管道维护的重要依据。因此，管道缺陷最深处的深度估计误差要达到足够高的精度，即最薄壁厚的估计要尽可能精确。定义管道壁厚最薄处的厚度估计误差为

$$d = \frac{|d_m - \hat{d}_m|}{d_0} \times 100\% \tag{5.55}$$

其中，d_m 为实际的管道缺陷最深处的壁厚值；$\hat{d}_m$ 为通过成像算法估计的缺陷最深处的壁厚值；d_0 为管道健康状态下的厚度，在本章中，即为原始壁厚 6 mm。

按照上述的壁厚最薄处的厚度估计误差计算方法，分别计算图 5.10(a) 和(b)中周向截面和轴向截面的误差，结果分别为 2.75% 和 3.13%。因此，在管道周向对于厚度的重构结果要略优于在轴向的厚度重构，但结果相差很小，均达到了对厚度的高准确度估计。

进一步地，为了衡量整体成像结果的质量，定义重建图像的均方根误差，表达式为

$$e_{\text{all}} = \sqrt{\frac{\iint [d(x,y) - \hat{d}(x,y)]^2 \mathrm{d}x\mathrm{d}y}{d_0^2 \cdot S}} \tag{5.56}$$

其中，e_{all} 为图像的均方根误差；S 为待成像管段区域的面积；$d(x,y)$ 和 $\hat{d}(x,y)$ 为管道的实际厚度分布和通过层析成像算法估计的厚度分布。

按照式(5.56)计算图 5.9 的管道波动层析成像质量，计算结果为 0.026。式(5.56)提供了一种评价图像质量的方式，用以量化和比较不同情况下的成像结果。需要补充说明的是，其中的积分是采用离散的方式进行

计算的,即将成像区域看作一个一个的网格点与真实值作比较,从而得到重建图像质量值。

进一步地,考虑噪声对波动层析成像结果的影响,以验证算法的稳健性。在有限元仿真计算获得的接收波形中,人为地添加一定能量的高斯白噪声,从而得到含噪声的螺旋兰姆波信号,用于接下来的波动层析成像算法。本章考虑信噪比为 20 dB 和 10 dB 的两种情况,将其对应信号输入到算法中,得到的波动层析成像结果分别如图 5.11(a)和(b)所示。

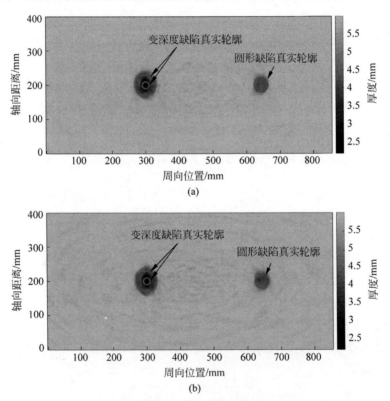

图 5.11　含有噪声情况下的层析成像结果(前附彩图)
(a) 信噪比 20 dB; (b) 信噪比 10 dB

在上述含有噪声情况下的波动层析成像结果中可以看出,即使存在噪声,两个缺陷的轮廓均较为清晰,深度数值也较为准确,阶梯状缺陷的两级阶梯也明显地呈现出来,反映了所设置缺陷的真实情况。相比于图 5.9 中的无噪声信号重建的图像,噪声带来了伪影,增加了缺陷成像中的模糊程度,降低了图像的质量;且信噪比越低,图像的分辨率也越低。为了定量分析厚度估计误差和重建图像结果的质量,使用式(5.5)和式(5.56)分别进行计算,得到的结果如表 5.1 所示。为了更好地比较,将无噪声情况获得的结果也展示在该表中。

表 5.1 有噪声情况下波动层析成像结果的量化比较

噪声情况	周向截面壁厚最薄处的估计误差/%	轴向截面壁厚最薄处的估计误差/%	重建图像质量
无噪声	2.75	3.13	0.026
信噪比 20 dB	4.58	3.80	0.029
信噪比 10 dB	8.61	6.02	0.033

可以看出,随着噪声能量的提高,周向截面和轴向截面壁厚最薄处的厚度估计误差均有所增加,成像结果质量有所下降。因此,噪声对波动层析成像带来了负面影响,主要原因在于:①噪声混合在接收导波信号中,使得提取的声场幅度特征受到影响,增加了数据的不准确性,而该幅度特征是波动层析的输入数据,因此会对缺陷图像引入一定的误差;②由于换能器数目有限以及检测视角有限,获得的投影数据较少,每一个投影特征都对成像质量起到重要的作用,即可靠的成像有赖于这些有限的投影,在本来信息就较少的情况下,噪声带来的干扰会较为严重地影响最终的波动层析成像结果。因此,在实际开展螺旋兰姆波检测时,需要使用重复采样和窄带滤波等方法降低信号中的噪声水平。

5.6 复杂缺陷波动层析成像试验验证

5.6.1 实际复杂缺陷成像验证

5.5 节针对较为规则的缺陷,使用有限元仿真方法获取信号,从而对基于超声衍射的高分辨率螺旋导波层析成像算法进行了验证。本节将针对管道实际复杂腐蚀缺陷进行试验验证,在管道周向布置激发阵列和接收阵列,轮流激发发射换能器,并在 10 个接收换能器位置处进行波场采样,所采用缺陷与第 4 章保持一致。

按照提出的压缩感知波动层析成像模型与步骤,对接收阵列接收到的螺旋兰姆波信号提取幅度特征,输入成像算法进行缺陷成像验证,结果如图 5.12 所示。为便于比较和分析,该复杂缺陷的真实轮廓也绘制于图中。

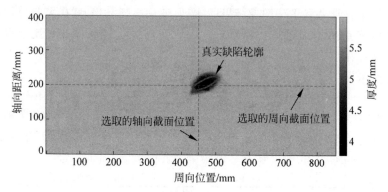

图 5.12　复杂缺陷螺旋兰姆波波动层析成像结果(前附彩图)

在上述成像结果中可以看到,图像所指示的缺陷区域与真实的缺陷范围较为吻合,缺陷区域与健康区域的边缘可以容易地辨识。相比于第 4 章中使用基于直射线近似的概率性重构获得的成像结果(图 4.12),使用基于波动原理的层析成像具有更高的分辨率,能够更为准确地呈现缺陷的实际形态,具有更好的缺陷量化能力。为定量描述波动层析成像方法的缺陷成像质量,使用式(5.56)计算层析重建图像的厚度分布和实际的厚度分布之间的均方根误差,结果为 0.028。相比于仿真缺陷中的成像结果误差,上述误差有所增加,主要原因在于实际试验时噪声的存在会降低重建图像质量。

同样地,在检测区域选择穿过缺陷区域的管道周向截面和轴向截面,在图 5.12 中用虚线指示了位置。选取相应剖面,绘制重建的厚度变化曲线,结果分别如图 5.13(a)和(b)所示。为便于比较,测量缺陷的实际深度并计算管壁的厚度,绘制于图 5.13 中。可以看出,通过层析成像得到的壁厚变化与实际情况较为一致,仅在个别地方存在误差。进一步可以发现,周向截面的厚度估计值与实际值的贴合程度要高于轴向截面,这是由超声导波的激发和接收方向限制所带来的,其导致管道周向的分辨率要高于轴向的分辨率,与 5.5 节的分析一致。

为定量描述缺陷深度的估计精度,使用式(5.55)计算图 5.13(a)和(b)中的壁厚最薄处的厚度估计误差,结果分别为 4.93% 和 3.74%。误差均小于 5%,且在周向和轴向上的估计误差之间的区别并不明显,因此所提出的波动层析成像方法对于缺陷最深处的估计达到了较高的精度。

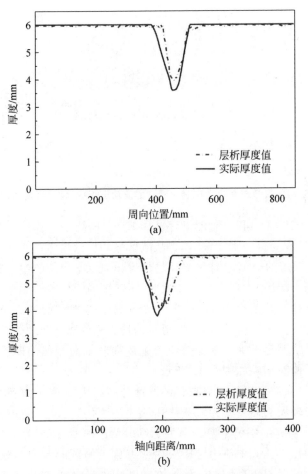

图 5.13 经过缺陷区域的管道截面的厚度变化
(a) 周向截面；(b) 轴向截面

5.6.2 进一步比较和分析

能够利用多螺旋角度传播的导波进行特征的提取和波动层析成像是螺旋兰姆波的优势。进一步地，为了验证采用多个阶次的螺旋兰姆波进行成像的优越性，开展仅利用 0 阶次（即初至波包）进行波动层析成像试验，以与 5.6.1 节结果进行比较。当考虑 0 阶次时（即对应为平板中的成像），因为平板并不具备管道的环形结构，故只能利用直达的初至波包。同样地，按照有限投影规则下的波动层析成像模型和步骤实施层析成像算法，结果如图 5.14 所示。

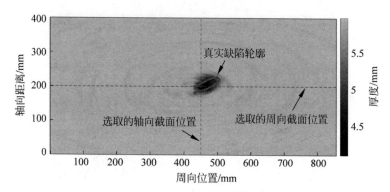

图 5.14　仅考虑 0 阶次螺旋兰姆波的波动层析成像结果（前附彩图）

相比于图 5.12 可以看出，仅考虑 0 阶次时，缺陷图像的分辨率有所下降，缺陷的轮廓变得非常模糊，使得缺陷区域和健康区域的辨识难度有所增加；图像所描述的缺陷范围和实际的情况出现了较大的偏差，其他区域也存在较多伪影。因此，仅考虑 0 阶次时，重建图像会影响对缺陷范围以及严重程度的估计。为了量化并与考虑三阶次螺旋兰姆波的方案进行对比，使用式(5.56)计算了层析成像质量，得到的均方根误差为 0.053，可见整体成像结果的质量明显下降。下面分析管道周向和轴向截面的厚度分布情况，厚度的变化曲线结果如图 5.15 所示。

可以看出，波动层析成像获得的厚度分布起伏较大，与实际的厚度分布已经出现了较大的偏差。为定量描述缺陷深度估计精度，使用式(5.55)计算图 5.15(a)和(b)中的壁厚最薄处的厚度估计误差，结果分别为 7.41% 和 9.08%。相比于 5.6.1 节中考虑三阶次螺旋兰姆波时获得的误差，该周向和轴向截面的误差明显增加。因此在仅考虑 0 阶次螺旋兰姆波时，所获得的管道厚度分布已经出现了较大误差，将很难对缺陷严重程度进行准确判断并对管道剩余寿命进行估计。

误差增加以及成像质量下降的原因主要在于能够利用的信息量较少。具体地，在利用 0 阶次导波时，相当于在管道展开并做周期性复制的平板结构中去除复制的平板，只保留实体平板。在这种情况下进行导波的激发和接收，对于每一个入射角，最多可以考虑 10 个接收波场位置。而考虑 3 阶次的螺旋兰姆波时，获得的接收位置的个数最多可达 30 个。因此仅考虑 0 阶次时，能够提取和利用的投影数大为减少，在基于压缩感知进行层析重建时，数据 k 空间中的采样点较少，使得高精度重建图像的难度有所增加。

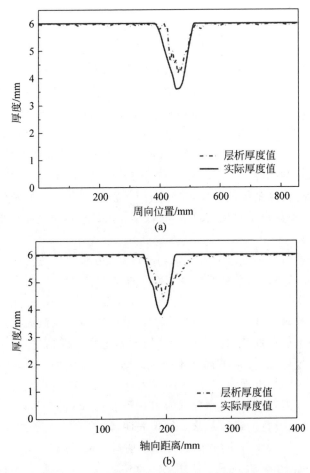

图 5.15 仅考虑 0 阶次螺旋兰姆波的截面厚度分布结果
(a) 周向截面；(b) 轴向截面

总体而言，利用波动的层析成像方法，相比于概率性重构以及射线追踪方法，已经能够得到较高分辨率的缺陷图像。波动层析成像算法的实现，也可以通过滤波反传播以及逐渐发展的矩量法进行求解，然而这些方法仅适用于完全投影。在本章所考虑的管道双阵列层析成像中，布置换能器的个数有限，仅能获得不完全投影；压缩感知提供了迭代的逆问题求解思路，从较少的投影重建出高分辨率的缺陷图像，且缺陷最深处的厚度估计达到了较高的准确度。

5.7 本章小结

本章提出了一种基于超声衍射的高分辨率层析成像方法,用以计算管道检测区域的厚度分布,从而为管道的剩余寿命估计提供量化的依据。具体地,根据管道螺旋兰姆波换能器的布置方式,构建了跨孔层析的傅里叶衍射定理,将导波投影与缺陷图像通过空间频率联系起来,并将成像模型转换为优化问题。由于能够激发和接收导波的视角有限,获取的投影数据有限,属于不完全投影问题,因此使用压缩感知搭建求解模型。在模型中,利用稀疏性的特征重建高精度的图像,主要利用了图像的全变分稀疏性和字典稀疏表示,进一步获得了总优化函数,在数据保真的前提下使得图像的稀疏性达到最小值。

为了验证所提出方法的有效性,在有限元仿真中搭建阶梯状缺陷模型获取导波投影数据,按照成像步骤实施了算法计算。结果表明,管道图像中的缺陷厚度变化与设计值保持一致,且具有较高的分辨率,能够较为清晰地区分缺陷和健康区域。另外,还分析了管道周向和轴向截面的厚度变化重建情况。为了量化评估缺陷深度估计精度和轮廓成像精度,定义壁厚最薄处的厚度估计误差,周向截面和轴向截面的结果分别为 2.75% 和 3.13%;定义重建图像的均方根误差,计算结果为 0.026。进一步地,在接收的导波信号中引入噪声,得到信噪比分别为 20 dB 和 10 dB 的信号,并进行波动层析成像,得到了量化的成像结果。结果表明,随着噪声能量的提高,壁厚最薄处的厚度估计误差有所增加,成像结果质量有所下降。

进一步地,在试验验证中使用第 4 章中的复杂缺陷执行成像算法。在成像结果中可以看出,图像所指示的缺陷区域与真实的缺陷范围吻合,周向截面和轴向截面的壁厚最薄处的厚度估计误差分别为 4.93% 和 3.74%,图像的均方根误差为 0.028。为了对比研究,仅利用 0 阶次螺旋兰姆波进行成像,得到的缺陷图像分辨率明显下降,均方根误差为 0.053,且周向截面和轴向截面的壁厚最薄处的厚度估计均出现了较大的误差。因此,结合螺旋兰姆波的多螺旋角度传播优势,本章所提出的基于超声衍射的层析成像方法能够实现缺陷的高精度厚度估计和图像重建。

第6章 总结与展望

6.1 结　　论

本书针对管道缺陷电磁超声螺旋导波层析成像方法进行了研究。具体包括：适于管道结构的螺旋兰姆波电磁超声换能器；超声导波重叠信号分离和特征提取方法；基于直射线近似的快速螺旋导波层析成像方法；基于超声衍射的高分辨率螺旋导波层析成像方法。本书的主要研究内容和相关结论总结如下：

（1）提出了一种用于管道结构的螺旋兰姆波电磁超声换能器设计方案，该换能器可以激发在一定螺旋角度内传播的螺旋兰姆波，且相比于传统的换能器，更易于在管道内形成螺旋导波。具体地，针对管道导波检测和多螺旋角度传播兰姆波的需求，设计了基于永磁体和圆弧形线圈的螺旋兰姆波电磁超声换能器结构。该结构中线圈回折数较少，易于适应管道的弯曲外壁；建立了理论模型，对该换能器的设计原则和工作原理进行了分析和阐述。在有限元仿真中搭建模型观察波的传播，验证了所设计换能器的可行性。定义了位移圆周角度分布图以分析螺旋兰姆波在管道周向的扩散情况，证明了该换能器激发出了在多螺旋角度传播的导波，且其能量主要分布在一定角度内。进一步开展试验，结果表明，试验中获得的圆周角度分布图与仿真中的一致。定义了半发散角以对换能器进行量化评估，并与传统的换能器进行比较，证明了所设计换能器的优越性。

（2）提出了一种兰姆波重叠信号分离和特征提取方法，解决了频散兰姆波信号时域重叠难以辨识的问题，并能够准确提取兰姆波的走时和幅度信息。具体地，基于兰姆波的频散特性，设计了多项式 Chirplet 基函数并建立了相应的多项式 Chirplet 变换，利用其对重叠的兰姆波信号进行匹配分解，进一步提取各个模态的幅度和走时特征。首先在有限元仿真中获取信号并对所提出方法进行验证，辨识出了直达的 A_0 模态和边界反射的 S_0 模态，根据基函数重构信号，计算得到其与原始信号的误差为 0.1631。进一步地,设置了变化距离的缺陷以验证该方法的稳健性。与线性 Chirplet 变换和互相关方法相比,本书所提出方法针对不同传播距离的兰姆波均具有较高精度的走时提取。实际试验验证结果表明,重构信号与原始信号的误差为 0.2875,利用 S_0 模态和 A_0 模态的走时特征对共线缺陷的定位误差分别为 2.51% 和 3.04%;对于幅度提取,其与利用希尔伯特变换提取的包络幅值较为一致,但是传统的希尔伯特包络法并不具备分离模态的能力。

(3) 提出了一种快速的多螺旋兰姆波层析成像方法,有效地刻画出了缺陷的轮廓,并能够对缺陷最深处的位置进行高精度定位。具体地,基于导波的直射线近似,建立了管道结构多螺旋兰姆波传播模型,构建了检测信号和基准信号的差异系数,提出了一种螺旋兰姆波缺陷检测概率性重构方法。随后,在有限元仿真中考虑了单缺陷案例和双缺陷案例,结果表明,所提出方法可以定位和描述缺陷区域。在双缺陷的图像中,尽管在其中间区域存在模糊,但可以清晰地辨识出两个缺陷。进一步开展了试验研究和相应的比较,结果证明,对于复杂的腐蚀缺陷,该方法能够描述缺陷的轮廓。与仅使用直达波的成像结果相比,使用多个阶次的螺旋兰姆波得到的缺陷图像具有更高的成像分辨率。在将图像值转换为缺陷深度值之后,对于缺陷最深处的定位,多螺旋方案仍具有较高的精度。该方法计算速度较快,是一种偏定性的方法,无法对管壁的厚度分布进行量化估计,仅能刻画缺陷的形状。

(4) 提出了一种基于超声衍射的高分辨率螺旋导波层析成像方法,解决了管道导波有限投影下的层析重建问题,可有效地估计缺陷深度。具体地,基于超声波动方程,建立跨孔层析的傅里叶衍射定理。由于获得的导波投影为不完全投影,引入压缩感知的思路提出在有限投影下的波动层析成像模型。随后,在有限元仿真中搭建阶梯状缺陷模型,层析成像结果表明,获得图像与设置的缺陷深度变化较为吻合,管道周向截面和轴向截面的厚度重构与设置值保持一致。定义了壁厚最薄处的厚度估计误差,两个截面的误差分别为 2.75% 和 3.13%。也定义了重建图像的均方根误差,计算结果为 0.026。考虑了噪声的影响,在接收信号为 20dB 和 10dB 的情况下,进行了波动层析成像,所得的缺陷图像虽然质量有所下降,但依然具有较高的分辨率。进一步地,在实际复杂缺陷处开展了试验验证,周向截面和轴向截面壁厚最薄处的厚度估计误差分别为 4.93% 和 3.74%,层析成像的均方根误差结果为 0.028。与仅使用直达波的成像结果相比,利用多螺旋角度传播的兰姆波具有更高的成像分辨率,而这正是螺旋导波的优势所在。

6.2 进一步工作的建议

为提高螺旋导波的缺陷成像能力和促进螺旋导波在实际管道检测中的应用,可进一步研究的方向包括:

(1) 电磁超声换能器由于自身原理的限制,其换能效率较低,所激发出的导波的信噪比较低。针对管道螺旋导波的换能器,还需要进一步考虑换能器的优化,进行换能器的声场特性分析,研究各个参数对换能器性能的影响,以提高换能器激发导波的效率,增强其模态控制的能力。

(2) 导波的高分辨率成像为逆问题,通常需要提取较多的投影特征并涉及复杂的运算。应考虑利用较少的投影,提高导波检测的数据获取速度,并研究快速的高分辨率缺陷重构方法。

(3) 导波具有多模态的特征,各个模态具有不同的波结构。应考虑多模态导波检测的优势互补,同时利用多种模态导波进行检测以提取信号特征,并进行多模态导波的成像融合。

参 考 文 献

[1] 武新军,张卿,沈功田. 脉冲涡流无损检测技术综述[J]. 仪器仪表学报,2016,37(8):1698-1712.

[2] 何存富,郑明方,吕炎,等. 超声导波检测技术的发展、应用与挑战[J]. 仪器仪表学报,2016,37(8):1713-1735.

[3] 沈功田,王宝轩,郭锴. 漏磁检测技术的研究与发展现状[J]. 中国特种设备安全,2017,33(9):43-52.

[4] 何存富,吴斌,范晋伟. 超声柱面导波技术及其应用研究进展[J]. 力学进展,2001,(2):203-214.

[5] GHAVAMIAN A, MUSTAPHA F, BAHARUDIN B T, et al. Detection, localisation and assessment of defects in pipes using guided wave techniques: A review[J]. Sensors,2018,18(12):4470.

[6] 黄松岭,王哲,王珅,等. 管道电磁超声导波技术及其应用研究进展[J]. 仪器仪表学报,2018,39(3):1-12.

[7] WANG S, HUANG S, ZHAO W. Simulation of Lamb wave's interactions with transverse internal defects in an elastic plate[J]. Ultrasonics,2011,51(4):432-440.

[8] YAN F, ROYER JR R L, ROSE J L. Ultrasonic guided wave imaging techniques in structural health monitoring[J]. Journal of Intelligent Material Systems and Structures,2010,21(3):377-384.

[9] MITRA M, GOPALAKRISHNAN S. Guided wave based structural health monitoring: A review[J]. Smart Materials and Structures,2016,25(5):053001.

[10] SU C, JIANG M, LIANG J, et al. Damage identification in composites based on Hilbert energy spectrum and Lamb wave tomography algorithm[J]. IEEE Sensors Journal,2019,19(23):11562-11572.

[11] LI F, PENG H, MENG G. Quantitative damage image construction in plate structures using a circular PZT array and Lamb waves[J]. Sensors and Actuators A: Physical,2014,214:66-73.

[12] WANG S, HUANG S, ZHANG Y, et al. Multiphysics modeling of a Lorentz force-based meander coil electromagnetic acoustic transducer via steady-state and transient analyses[J]. IEEE Sensors Journal,2016,16(17):6641-6651.

[13] LUNN N, DIXON S, POTTER M D G. High temperature EMAT design for scanning or fixed point operation on magnetite coated steel[J]. NDT & E International,2017,89:74-80.

[14] GAZIS D C. Three-dimensional investigation of the propagation of waves in hollow circular cylinders. I. Analytical foundation[J]. The Journal of the

Acoustical Society of America,1959,31(5): 568-573.

[15] GAZIS D C. Three-dimensional investigation of the propagation of waves in hollow circular cylinders. II. numerical results[J]. The Journal of the Acoustical Society of America,1959,31(5): 573-578.

[16] DITRI J J,ROSE J L. Excitation of guided elastic wave modes in hollow cylinders by applied surface tractions [J]. Journal of Applied Physics, 1992, 72 (7): 2589-2597.

[17] MANCONI E,MACE B R. Wave characterization of cylindrical and curved panels using a finite element method[J]. The Journal of the Acoustical Society of America,2009,125(1): 154-163.

[18] ARMENÀKAS A E,GAZIS D C,HERRMANN G. Free vibrations of circular cylindrical shells[M].[S. l.]: Elsevier,2016.

[19] 周正干,孙广开. 先进超声检测技术的研究应用进展[J]. 机械工程学报,2017, 53(22): 1-10.

[20] ING R K,FINK M,CASULA O. Self-focusing Rayleigh wave using a time reversal mirror[J]. Applied Physics Letters,1996,68(2): 161-163.

[21] KODURU J P,ROSE J L. Time delay controlled annular array transducers for omnidirectional guided wave mode control in plate like structures[J]. Smart Material Structures,2014,23(10): 64-75.

[22] WILCOX P D. Omni-directional guided wave transducer arrays for the rapid inspection of large areas of plate structures[J]. IEEE transactions on ultrasonics, ferroelectrics,and frequency control,2003,50(6): 699-709.

[23] WILCOX P D,LOWE M,CAWLEY P. Omni-directional guided wave inspection of large metallic plate structures using an EMAT array[J]. IEEE transactions on ultrasonics,ferroelectrics,and frequency control,2005,52(4): 653-665.

[24] LEONARD K R,HINDERS M K. Guided wave helical ultrasonic tomography of pipes[J]. The Journal of the Acoustical Society of America, 2003, 114 (2): 767-774.

[25] THOMPSON R B. A model for the electromagnetic generation and detection of Rayleigh and Lamb waves[J]. IEEE Transactions on Sonics and Ultrasonics, 1973,20(4): 340-346.

[26] THOMPSON R B. Physical principles of measurements with EMAT transducers [J]. Physical Acoustics,1990,19: 157-200.

[27] OGI H. Field dependence of coupling efficiency between electromagnetic field and ultrasonic bulk waves[J]. Journal of Applied Physics,1997,82(8): 3940-3949.

[28] JIAN X,DIXON S,EDWARDS R S. Ultrasonic field modeling for arbitrary non-contact transducer source[C]//Third international conference on experimental mechanics and third conference of the Asian committee on experimental

[28] mechanics. [S. l.]: SPIE,2005,5852: 515-519.

[29] 李智超. 基于洛伦兹力机理的电磁超声换能器建模及仿真研究[D]. 哈尔滨: 哈尔滨工业大学,2010.

[30] 郝宽胜. 电磁超声换能器分析方法与优化设计研究[D]. 北京: 清华大学,2011.

[31] 杨理践,李春华,高文凭,等. 铝板材电磁超声检测中波的产生与传播过程分析[J]. 仪器仪表学报,2012,3(6): 1218-1223.

[32] WAN X,XU G,ZHANG Q,et al. A quantitative method for evaluating numerical simulation accuracy of time-transient Lamb wave propagation with its applications to selecting appropriate element size and time step[J]. Ultrasonics,2016,64: 25-42.

[33] DE LACHEISSERIE E D T. Magnetostriction: Theory and applications of magnetoelasticity[M]. Boca Raton: CRC,1993.

[34] JILES D C. Theory of the magnetomechanical effect[J]. Journal of physics D: applied physics,1995,28(8): 1537.

[35] THOMPSON R B. A model for the electromagnetic generation of ultrasonic guided waves in ferromagnetic metal polycrystals[J]. IEEE Transactions on Sonics and Ultrasonics,1978,25(1): 7-15.

[36] PÉREZ-APARICIO J L,SOSA H. A continuum three-dimensional,fully coupled,dynamic,non-linear finite element formulation for magnetostrictive materials[J]. Smart Materials and Structures,2004,13(3): 493.

[37] 王悦民,康宜华,武新军. 磁致伸缩效应在圆管中激励纵向导波的理论和试验研究[J]. 机械工程学报,2005,(10): 174-179.

[38] QU J,BERTHELOT Y,LI Z. Dispersion of guided circumferential waves in a circular annulus [M]//Review of progress in quantitative nondestructive evaluation. Boston,MA: Springer,1996: 169-176.

[39] LIU G,QU J. Guided circumferential waves in a circular annulus[J]. Journal of Applied Mechanics,1998,65(2): 424-430.

[40] ZHAO X,ROSE J L. Guided circumferential shear horizontal waves in an isotropic hollow cylinder[J]. The Journal of the Acoustical Society of America,2004,115(5): 1912-1916.

[41] ZHAO X,VARMA V K,MEI G,et al. In-line nondestructive inspection of mechanical dents on pipelines with guided shear horizontal wave electromagnetic acoustic transducers[J]. Journal of Pressure Vessel Technology,2005,127(3): 304-309.

[42] BALVANTÍN A. Ultrasonic helical reconstruction of defects with variable stiffness: Characterization of the interaction of Lamb waves with discontinuities and imperfect contact conditions in cylinders[M]. [S. l.]: Editorial Académica Española,2017.

[43] KWUN H,HANLEY J J,HOLT A E. Detection of corrosion in pipe using the magnetostrictive sensor technique [C]//Nondestructive Evaluation of Aging Maritime Applications. [S. l.]: SPIE,1995,2459: 140-148.

[44] LIU Z,HU Y,FAN J,et al. Longitudinal mode magnetostrictive patch transducer array employing a multi-splitting meander coil for pipe inspection[J]. NDT&E International,2016,79: 30-37.

[45] CHO S H,PARK C I,KIM Y Y. Effects of the orientation of magnetostrictive nickel strip on torsional wave transduction efficiency of cylindrical waveguides [J]. Applied Physics Letters,2005,86(24): 244101.

[46] NAKAMURA N, OGI H, HIRAO M. Mode conversion and total reflection of torsional waves for pipe inspection[J]. Japanese Journal of Applied Physics,2013, 52(7S): 07HC14.

[47] WANG Z,HUANG S,WANG S,et al. Development of a new EMAT for multi-helical SH guided waves based on magnetostrictive effect [C]//2018 IEEE International Instrumentation and Measurement Technology Conference (I2MTC). [S. l.]: IEEE,2018: 1-6.

[48] WANG Z, HUANG S, WANG S, et al. Design of electromagnetic acoustic transducer for helical Lamb wave with concentrated beam [J]. IEEE Sensors Journal,2020,20(12): 6305-6313.

[49] WANG Z, WANG S, WANG Q, et al. Development of a helical Lamb wave electromagnetic acoustic transducer for pipeline inspection[J]. IEEE Sensors Journal,2020,20(17): 9715-9723.

[50] LEONARD K R,HINDERS M K. Lamb wave tomography of pipe-like structures [J]. Ultrasonics,2005,43(7): 574-583.

[51] LANGLEY R S. Wave motion and energy flow in cylindrical shells[J]. Journal of Sound and Vibration,1994,169(1): 29-42.

[52] TYUTEKIN V V. Helical waves of an elastic cylindrical shell[J]. Acoustical Physics,2004,50(3): 273-277.

[53] TYUTEKIN V V,BOIKO A I. Helical normal waves near a cylindrical cavity in an elastic medium[J]. Acoustical Physics,2010,56(2): 141-144.

[54] KANNAJOSYULA H, NINO G F. Alternate solution for the cylindrical Helmholtz vector equation applied to helical elastic guided waves in pipes[C]// Smart Sensor Phenomena,Technology,Networks,and Systems Integration 2015. [S. l.]: SPIE,2015,9436: 95-105.

[55] KIM H W, KWON Y E, CHO S H, et al. Shear-horizontal wave-based pipe damage inspection by arrays of segmented magnetostrictive patches[J]. IEEE transactions on ultrasonics, ferroelectrics, and frequency control, 2011, 58 (12): 2689-2698.

[56] KIM H W, LEE H J, KIM Y Y. Health monitoring of axially-cracked pipes by using helically propagating shear-horizontal waves[J]. NDT & E International, 2012,46: 115-121.

[57] BALVANTIN A, BALTAZAR A, KIM J Y. A study of helical Lamb wave propagation on two hollow cylinders with imperfect contact conditions[C]//AIP Conference Proceedings. [S. l.]: American Institute of Physics, 2013, 1511(1): 67-74.

[58] LOWE M J S, CAWLEY P, KAO J Y, et al. The low frequency reflection characteristics of the fundamental antisymmetric Lamb wave a0 from a rectangular notch in a plate[J]. The Journal of the Acoustical Society of America, 2002,112(6): 2612-2622.

[59] DILIGENT O, GRAHN T, BOSTRÖM A, et al. The low-frequency reflection and scattering of the S0 Lamb mode from a circular through-thickness hole in a plate: Finite element, analytical and experimental studies [J]. The Journal of the Acoustical Society of America, 2002, 112(6): 2589-2601.

[60] TERRIEN N, OSMONT D, ROYER D, et al. A combined finite element and modal decomposition method to study the interaction of Lamb modes with micro-defects[J]. Ultrasonics, 2007, 46(1): 74-88.

[61] 张苏周. 材料组织损伤与缺陷的电磁及超声导波检测方法研究[D]. 上海: 华东理工大学, 2016.

[62] MASSEREY B, FROMME P. Fatigue crack growth monitoring using high-frequency guided waves [J]. Structural Health Monitoring, 2013, 12(5-6): 484-493.

[63] YU X, ZUO P, XIAO J, et al. Detection of damage in welded joints using high order feature guided ultrasonic waves [J]. Mechanical Systems and Signal Processing, 2019, 126: 176-192.

[64] LECKEY C, ROGGE M D, PARKER F R. Microcracking in composite laminates: Simulation of crack-induced ultrasound attenuation [C]//AIP Conference Proceedings. [S. l.]: American Institute of Physics, 2013, 1511(1): 947-954.

[65] ROBERTS R A. Computational prediction of micro-crack induced ultrasound attenuation in CFRP composites[J]. Journal of Nondestructive Evaluation, 2014, 33(3): 443-457.

[66] 陈军, 李志浩, 林莉, 等. 铝板中 Lamb 波检测的实验研究[J]. 应用声学, 2011, 30(2): 98-104.

[67] ALLEYNE D N, LOWE M J S, CAWLEY P. The reflection of guided waves from circumferential notches in pipes[J]. Journal of Applied Mechanics, 1998, 65(3): 635-641.

[68] AMJAD U, YADAV S K, KUNDU T. Detection and quantification of pipe damage from change in time of flight and phase[J]. Ultrasonics,2015,62:223-236.

[69] DEMMA A,CAWLEY P,LOWE M,et al. The reflection of the fundamental torsional mode from cracks and notches in pipes[J]. The Journal of the Acoustical Society of America,2003,114(2):611-625.

[70] DEMMA A,CAWLEY P,LOWE M,et al. The reflection of guided waves from notches in pipes: A guide for interpreting corrosion measurements[J]. NDT & E International,2004,37(3):167-180.

[71] LØVSTAD A,CAWLEY P. The reflection of the fundamental torsional guided wave from multiple circular holes in pipes[J]. NDT & E International,2011,44(7):553-562.

[72] LØVSTAD A,CAWLEY P. The reflection of the fundamental torsional mode from pit clusters in pipes[J]. NDT & E International,2012,46:83-93.

[73] CARANDENTE R,CAWLEY P. The effect of complex defect profiles on the reflection of the fundamental torsional mode in pipes[J]. NDT & E International,2012,46:41-47.

[74] HERNANDEZ-VALLE F, DIXON S. Initial tests for designing a high temperature EMAT with pulsed electromagnet[J]. NDT & E International,2010,43(2):171-175.

[75] BURROWS S E,FAN Y,DIXON S. High temperature thickness measurements of stainless steel and low carbon steel using electromagnetic acoustic transducers [J]. NDT & E International,2014,68:73-77.

[76] KWUN H,KIM S Y,CHOI M S,et al. Torsional guided-wave attenuation in coal-tar-enamel-coated, buried piping[J]. NDT & E International, 2004, 37(8):663-665.

[77] ZHANG Y,HUANG S,ZHAO W,et al. Electromagnetic ultrasonic guided wave long-term monitoring and data difference adaptive extraction method for buried oil-gas pipelines [J]. International Journal of Applied Electromagnetics and Mechanics,2017,54(3):329-339.

[78] 蔡海潮,徐春广,王东峰,等.管道内压力对纵模导波传播特性的影响[J].中国机械工程,2017,28(23):2779-2784.

[79] HAYASHI T, KAWASHIMA K, SUN Z, et al. Guided wave propagation mechanics across a pipe elbow[J]. Journal of Pressure Vessel Technology,2005,127(3):322-327.

[80] 王秀彦,刘增华,孙雅欣,等.弯管中超声导波传播特性的研究[J].北京工业大学学报,2006,32(9):773-777.

[81] VERMA B,MISHRA T K,BALASUBRAMANIAM K,et al. Interaction of low-

[82] XU K, TA D, WANG W. Multiridge-based analysis for separating individual modes from multimodal guided wave signals in long bones[J]. IEEE transactions on ultrasonics, ferroelectrics, and frequency control, 2010, 57(11): 2480-2490.

[83] LEONARD K R, HINDERS M K. Multi-mode Lamb wave tomography with arrival time sorting[J]. The Journal of the Acoustical Society of America, 2005, 117(4): 2028-2038.

[84] ROSTAMI J, CHEN J, TSE P W. A signal processing approach with a smooth empirical mode decomposition to reveal hidden trace of corrosion in highly contaminated guided wave signals for concrete-covered pipes [J]. Sensors, 2017, 17(2): 302.

[85] ZOUBI A B, KIM S, ADAMS D O, et al. Lamb wave mode decomposition based on Cross-Wigner-Ville distribution and its application to anomaly imaging for structural health monitoring[J]. IEEE transactions on ultrasonics, ferroelectrics, and frequency control, 2019, 66(5): 984-997.

[86] RAGHAVAN A, CESNIK C E S. Guided-wave signal processing using chirplet matching pursuits and mode correlation for structural health monitoring[J]. Smart Materials and Structures, 2007, 16(2): 355.

[87] ZHAO M, ZENG L, LIN J, et al. Mode identification and extraction of broadband ultrasonic guided waves[J]. Measurement Science and Technology, 2014, 25(11): 115005.

[88] ZHANG Y, HUANG S, WANG S, et al. Recognition of overlapped Lamb wave detecting signals in aluminum plate by EMD-based STFT flight time extraction method[J]. International Journal of Applied Electromagnetics and Mechanics, 2016, 52(3-4): 991-998.

[89] WANG Z, HUANG S, WANG S, et al. Sparse reconstruction based time-frequency representation for time-of-flight extraction of undersampled Lamb wave signal [C]//2020 Conference on Precision Electromagnetic Measurements (CPEM). [S. l.]: IEEE, 2020: 1-2.

[90] WANG Z, HUANG S, WANG S, et al. A damage localization method with multimodal Lamb wave based on adaptive polynomial chirplet transform[J]. IEEE Transactions on Instrumentation and Measurement, 2020, 69 (10): 8076-8087.

[91] WILCOX P D, LOWE M, CAWLEY P. The effect of dispersion on long-range inspection using ultrasonic guided waves[J]. NDT & E International, 2001, 34(1): 1-9.

[92] WILCOX P D. A rapid signal processing technique to remove the effect of

dispersion from guided wave signals[J]. IEEE transactions on ultrasonics, ferroelectrics, and frequency control, 2003, 50(4): 419-427.

[93] WU W, WANG Y. A simplified dispersion compensation algorithm for the interpretation of guided wave signals[J]. Journal of Pressure Vessel Technology, 2019, 141(2).

[94] LEGENDRE S, MASSICOTTE D, GOYETTE J, et al. Wavelet-transform-based method of analysis for Lamb-wave ultrasonic NDE signals[J]. IEEE Transactions on Instrumentation and Measurement, 2000, 49(3): 524-530.

[95] GRIMALDI D. Time-of-flight measurement of ultrasonic pulse echoes using wavelet networks[J]. IEEE transactions on instrumentation and measurement, 2006, 55(1): 5-13.

[96] DAI D, HE Q. Structure damage localization with ultrasonic guided waves based on a time-frequency method[J]. Signal Processing, 2014, 96: 21-28.

[97] ZHANG Y, HUANG S L, WANG S, et al. Time-frequency energy density precipitation method for time-of-flight extraction of narrowband Lamb wave detection signals[J]. Review of Scientific Instruments, 2016, 87(5): 54702.

[98] HU B, HU N, LI L, et al. Tomographic reconstruction of damage images in hollow cylinders using Lamb waves[J]. Ultrasonics, 2014, 54(7): 2015-2023.

[99] HOSSEINABADI H Z, NAZARI B, AMIRFATTAHI R, et al. Wavelet network approach for structural damage identification using guided ultrasonic waves[J]. IEEE Transactions on Instrumentation and Measurement, 2014, 63(7): 1680-1692.

[100] HUTHWAITE P, SEHER M. Robust helical path separation for thickness mapping of pipes by guided wave tomography[J]. IEEE transactions on ultrasonics, ferroelectrics, and frequency control, 2015, 62(5): 927-938.

[101] DEHGHAN-NIRI E, SALAMONE S. A multi-helical ultrasonic imaging approach for the structural health monitoring of cylindrical structures[J]. Structural Health Monitoring, 2015, 14(1): 73-85.

[102] 吴斌, 邓菲, 何存富, 等. 基于导波理论的管道缺陷成像研究[J]. 数据采集与处理, 2006, 21(3): 345-349.

[103] DAVIES J, CAWLEY P. The application of synthetic focusing for imaging crack-like defects in pipelines using guided waves[J]. IEEE transactions on ultrasonics, ferroelectrics, and frequency control, 2009, 56(4): 759-771.

[104] XU C, YANG Z, TIAN S, et al. Lamb wave inspection for composite laminates using a combined method of sparse reconstruction and delay-and-sum[J]. Composite Structures, 2019, 223: 110973.

[105] 刘兵, 唐力伟, 王建斌, 等. 基于QGA-LS-SVM的超声导波缺陷轮廓重构[J]. 中国工程机械学报, 2013, 11(3): 205-210.

[106] WILLEY C L, SIMONETTI F, NAGY P B, et al. Guided wave tomography of pipes with high-order helical modes[J]. NDT & E International, 2014, 65: 8-21.

[107] 张海燕,于建波,陈先华. 管道结构中的类兰姆波层析成像[J]. 声学学报, 2012, 37(1): 81-90.

[108] LIVADIOTIS S, EBRAHIMKHANLOU A, SALAMONE S. An algebraic reconstruction imaging approach for corrosion damage monitoring of pipelines [J]. Smart Materials and Structures, 2019, 28(5): 055036.

[109] BELANGER P, CAWLEY P, SIMONETTI F. Guided wave diffraction tomography within the born approximation [J]. IEEE transactions on ultrasonics, ferroelectrics, and frequency control, 2010, 57(6): 1405-1418.

[110] HUTHWAITE P, SIMONETTI F. High-resolution guided wave tomography [J]. Wave Motion, 2013, 50(5): 979-993.

[111] RAO J, RATASSEPP M, FAN Z. Quantification of thickness loss in a liquid-loaded plate using ultrasonic guided wave tomography[J]. Smart Materials and Structures, 2017, 26(12): 125017.

[112] CANDÈS E J, ROMBERG J, TAO T. Robust uncertainty principles: Exact signal reconstruction from highly incomplete frequency information[J]. IEEE Transactions on information theory, 2006, 52(2): 489-509.

[113] WANG Z, HUANG S, WANG S, et al. Compressed sensing method for health monitoring of pipelines based on guided wave inspection[J]. IEEE Transactions on Instrumentation and Measurement, 2019, 69(7): 4722-4731.

[114] SIDKY E Y, KAO C M, PAN X. Accurate image reconstruction from few-views and limited-angle data in divergent-beam CT[J]. Journal of X-ray Science and Technology, 2006, 14(2): 119-139.

[115] AHARON M, ELAD M, BRUCKSTEIN A. K-SVD: An algorithm for designing overcomplete dictionaries for sparse representation[J]. IEEE Transactions on Signal Processing, 2006, 54(11): 4311-4322.

[116] ROSE J L. Ultrasonic guided waves in solid media[M]. Cambridge: Cambridge University Press, 2014.

[117] LEE J K, KIM H W, KIM Y Y. Omnidirectional Lamb waves by axisymmetrically-configured magnetostrictive patch transducer [J]. IEEE transactions on ultrasonics, ferroelectrics, and frequency control, 2013, 60(9): 1928-1934.

[118] HUTHWAITE P, RIBICHINI R, CAWLEY P, et al. Mode selection for corrosion detection in pipes and vessels via guided wave tomography[J]. IEEE transactions on ultrasonics, ferroelectrics, and frequency control, 2013, 60(6): 1165-1177.

[119] VELICHKO A, WILCOX P D. Excitation and scattering of guided waves:

Relationships between solutions for plates and pipes[J]. The Journal of the Acoustical Society of America,2009,125(6): 3623-3631.

[120] LI J,ROSE J L. Natural beam focusing of non-axisymmetric guided waves in large-diameter pipes[J]. Ultrasonics,2006,44(1): 35-45.

[121] ADVANI S,VAN VELSOR J,ROSE J L. Beam divergence calculation of an electromagnetic acoustic transducer for the non-destructive evaluation of plate-like structures[C]//2011 IEEE Sensors Applications Symposium. [S. l.]: IEEE,2011: 277-282.

[122] CHO Y,HONGERHOLT D D,ROSE J L. Lamb wave scattering analysis for reflector characterization[J]. IEEE transactions on ultrasonics,ferroelectrics,and frequency control,1997,44(1): 44-52.

[123] VILLE J. Theorie et application dela notion de signal analytique[J]. Câbles et transmissions,1948,2(1): 61-74.

[124] NAGY P B,SIMONETTI F,INSTANES G. Corrosion and erosion monitoring in plates and pipes using constant group velocity Lamb wave inspection[J]. Ultrasonics,2014,54(7): 1832-1841.

[125] ZHAO X,GAO H,ZHANG G,et al. Active health monitoring of an aircraft wing with embedded piezoelectric sensor/actuator network: I. Defect detection, localization and growth monitoring[J]. Smart Materials and Structures,2007, 16(4): 1208-1217.

[126] WANG Z,HUANG S,WANG S,et al. Multihelical Lamb wave imaging for pipe-like structures based on a probabilistic reconstruction approach[J]. IEEE Transactions on Instrumentation and Measurement,2020,70: 1-10.

[127] KAK A C,SLANEY M. Principles of computerized tomographic imaging[M]. [S. l.]: Society for Industrial and Applied Mathematics,2001.

[128] 杨文采. 应用地震层析成像[M]. 北京: 地质出版社,1993.

[129] BRONSTEIN M M,BRONSTEIN A M,ZIBULEVSKY M,et al. Reconstruction in diffraction ultrasound tomography using nonuniform FFT[J]. IEEE Transactions on Medical Imaging,2002,21(11): 1395-1401.

[130] FESSLER J A,SUTTON B P. Nonuniform fast Fourier transforms using min-max interpolation[J]. IEEE Transactions on Signal Processing,2003,51(2): 560-574.